Pepijn Keppel

De laatste man

2022
THOMAS RAP
AMSTERDAM

Omslagontwerp Dog and Pony
Foto auteur Keke Keukelaar
Vormgeving binnenwerk Perfect Service, Reeuwijk
Druk en bindwerk Wilco, Amersfoort
ISBN 978 94 004 0850 0
NUR 320

thomasrap.nl

MIX
Papier van verantwoorde herkomst
FSC® C004472

Bij de productie van dit boek is gebruikgemaakt van papier dat het keurmerk van de Forest Stewardship Council (FSC®) mag dragen.
Bij dit papier is het zeker dat de productie niet tot bosvernietiging heeft geleid.

Voor mijn ouders
Voor mijn vroegere ik

That secret that you knew
But you don't know how to tell
It fucks with your honor
And it teases your head

– Bon Iver, 2009

Proloog

HET WAS EEN winteravond, ergens in december. Het werd vroeg donker, de bomen hielden geen blad meer, de regen tikte op het platte dak van de uitbouw. Ik zat nog aan de keukentafel met mijn moeder. Ze dronk thee. Mijn vader ruimde de vaatwasser in, mijn zusje was al van tafel. Een zondagavond zoals vaker, een van de weinige avonden in de week dat we samen konden eten. Het diner dat altijd begon met een meningsverschil en eindigde met ruzie. Ik weet niet meer precies waar het die keer over ging. Het enige wat ik me nog herinner is hoe mijn vader zich in een slachtofferrol manoeuvreerde, en ik het steeds verder op de spits dreef. Een smeulend vuur waar ik alleen maar een beetje in hoefde te blazen. Niet te hard, anders zou het misschien doven. Maar het groeide uit tot een krankzinnig kampvuur. Ik kon het niet laten, de zondag was al onbeduidend genoeg geweest.

'Godverdomme, als je nou gewoon een keer uit de kast komt!' schreeuwde mijn vader plots. Ik verstarde, werd licht in mijn hoofd, het bloed raasde door mijn aderen. Ik voelde me opgejaagd. Ik zag mijn moeder, hoe ze de mok losliet en haar hand in haar schoot liet glijden.

Had hij het al die tijd geweten? Gevoeld? En was dit dan het juiste moment om daarover te beginnen? In een ruzie, over klein huiselijk leed, over een onderwerp dat we ons jaren later, nu, niet meer zouden kunnen herinneren? Mijn vader draaide zich om, van het aanrecht naar de tafel, keek naar mij. Hij maakte een wegwerpgebaar, van rechts naar links. Ik gaf er gehoor aan. Van tafel, naar de deur, de hal, de trap, de overloop, de zoldertrap, naar mijn kamer.

'Kom terug!' werd me nog nageroepen toen ik de trap oprende, drie treden per stap. Ik kwam niet terug. De oplichtende glow-in-the-darksterren aan het plafond van mijn slaapkamer gaven groen licht, dat verdween toen ik mijn bureaulamp aandeed. Ik pakte mijn studieboeken. Er moest nog huiswerk worden gemaakt, alleen in het weekend had ik daar tijd voor. Ik las, ik las, een zin, opnieuw, opnieuw, ik nam niets in me op. Mijn hoofd gaf geen betekenis aan de woorden. Stappen, op de trap. Getrippel, geen gestamp. Een zachte landing. Mijn moeder, wist ik, al voordat ze mijn kamer binnenkwam.

'Pep, gaat het?'

Ik zat achter mijn bureau, tussen medailles in drie kleuren en mijn ingelijste wedstrijdshirt dat ik droeg tijdens het EK in Wenen. Ik slikte een paar keer. 'Jawel.'

Op meer antwoord hadden mijn ouders het recht even niet. Ik staarde naar mijn schrift. Ruitjespapier. Hokjes. Binnen de lijntjes, of net erop, dat was wat ik had geleerd, van topsport, van mijn leven tot dan toe. Erbuiten telde niet, erbuiten hoorde er niet bij, erbuiten was voor de sukkels, de losers, de drop-outs, de nietsnutten, de misfits. Alles wat ik niet wilde zijn, wat niemand wilde zijn. Ik verlangde naar het hokje. Al wist ik dat ik daar niet zou passen. Hoe graag ik het ook wilde.

'Is het zo, val je op jongens?' vroeg mijn moeder.

Als ik nu terugdenk aan toen, had ik alles anders gedaan. Ik had het eerder kunnen zeggen, moeten zeggen. Maar ik zweeg, tegen mijn ouders, vrienden, op het hockeyveld. Ik werd verliefd op meisjes, deed aan topsport, maar was niet goed in gym. Ik dronk bier in de Ierse pub op het Leidseplein, had seks in het Vondelpark, speelde jeugdinterlands door half Europa. Ik kreeg hulp van psychologen en een levenscoach, versleet drie basisscholen en evenveel middelbare. Ik wilde hetzelfde zijn als ieder ander, onderdeel zijn van de groep. Ik voelde me opgesloten, vastgedraaid in mezelf, nooit goed genoeg. Ik was bang mensen kwijt te raken om wie ik was. Ik dacht niet aan winnen, alleen aan verliezen, stond altijd 1-0 achter. Ik wilde niemand teleurstellen en deed me daarom beter voor dan ik was. Mannelijker, grootser. Ik haalde goede cijfers op school, luisterde naar de muziek van mijn vader en verbrak vriendschappen sneller dan ik ze kon opbouwen. Het duurde tien jaar. Achteraf bezien veel te lang.

GIJS' WITBLONDE HAREN zaten warrig en hij droeg een streepjestrui, net als ik. Zijn lichtblauwe spijkerbroek hing onder zijn kont. Het patroon van zijn boxer nog net te zien – rood, met gele en groene ruitjes. Hij zat bij het raam en stak zijn vinger in de lucht. Ik gloeide, kort en hevig. Het overviel me. Nog voordat ik het doorhad was het gevoel alweer verdwenen. Alleen de warmte bleef op mijn wangen hangen, als na een slok te hete thee.

Misschien was het de eerste keer dat ik het me realiseerde, al zou ik toen niet dezelfde woorden aan het gevoel hebben gegeven als nu. We hadden nog rekenen, taal en een kwartier fruitpauze voor lunchtijd. De meester had een rechthoekige bril op, zijn ruitjesoverhemd tot het bovenste gaatje dichtgeknoopt. Ik zat in groep zes van een basisschool aan de rand van een Vinex-wijk in Amsterdam. Het was mijn tweede school. De eerste had ik een paar jaar eerder moeten verlaten, toen we verhuisden naar een paar kilometer verderop. Het derde huis in tien jaar.

Een nieuwe wijk met achtertuinen aan slootjes. In de winter schaatsten we om de buurt, in de zomer roeiden we in een plastic boot. Het was een multiculturele wijk. Tijdens de ramadan kon je rond de schemering de geur van harira in de straten ruiken. Als de zon scheen hingen tapijten uit de ramen en vielen er reflecties van satellietschotels op het plafond van onze woonkamer.

De school lag ook aan een sloot, maar was lastig over water te bereiken. De boot moest een stukje worden getild, 's winters moest je klunend een dijkje op en af. Het schoolgebouw was opgetrokken uit witte aluminium golfplaten. Een tijdelijk onderkomen dat uiteindelijk jaren bleef staan omdat de bouwvergunning maar niet in orde kwam. Tijdens de pauzes probeerden we een voetbal zo hard mogelijk tegen het aluminium te trappen. Als er een deuk achterbleef, droeg je voor een dag de naam Roberto Carlos, naar de Braziliaanse voetballer met het hardste schot ter wereld. Niemand heeft mij ooit zo genoemd.

Mijn moeder werkte in het onderwijs en had de nieuwe school uitgekozen. Ze groeide op in de tropen, vertelde vaak over haar jeugd op Curaçao. Over hoe ze midden in de nacht moest opstaan om naar school te gaan, zodat ze rond lunchtijd weer naar huis mocht. Een tropenrooster – overdag was het te warm in de klaslokalen, airco hadden ze niet. Of over hoe ze tijdens een ruzie kauwgom in het haar van een vriendinnetje plakte. Als straf moest ze haar mond spoelen met zeep en de hele dag in de hoek staan, met haar gezicht naar de muur. Het vriendinnetje kwam de volgende dag met een kale plek op school. Ze vertelde erover met een zweem van verlangen. Niet uitsluitend naar het eiland, eerder naar de losbandigheid die ze toen nog met zich meedroeg. Nu moest ze moeder zijn, verantwoordelijk en rechtlijnig. Onze toekomst was belangrijker geworden dan die van haarzelf.

De eerste jaren waren rustig. Ik had weinig vrienden, maar wist me desalniettemin te redden. In groep zes veranderde dat, van de ene op de andere dag. Er was geen aanleiding, of die was mij onbekend. Het gebeurde na schooltijd, nadat ik de trappen was afgerend. Bij het fietsenrek stonden Ruben, Alex en Daan me op te wachten.

'Ey, gaytje, wat kijk je?' Ik negeerde het in eerste instantie, maar toen ze dichterbij kwamen kon dat niet langer. Ruben sloeg op zijn borst, duwde zich vervolgens tegen me aan, drukte zijn voorhoofd tegen dat van mij. 'Wat raak je me aan? Gaytje, ik praat tegen je, wat kijk je en raak je me aan?'

'Volgens mij raak jij mij aan.'

'Daan, geef die riem voor deze flikker.'

Alex stond tegen andermans fiets aan te leunen. Hij was slechts toeschouwer.

'Geef die riem, Daan. Gaytje, op handen en voeten.'

'Wat?'

'Op handen en voeten, je spreekt toch Nederlands? Of moet ik je een stoot geven? Op handen en voeten, zei ik.'

Ik deed wat Ruben zei. Hij nam de riem van Daan aan. Een hondenriem van leer met een kunststof halsband, een andere dan de vorige keer. 'Eens kijken of deze ook past.' Hij klikte de halsband los en hield die horizontaal in de lucht. Met een vlugge beweging trok hij de band om mijn nek. 'Lopen, als een hond,' zei Ruben. 'Lopen, zeg ik, op vier poten, flikker.' Alex keek tevreden, Daan zag ik twijfelen.

'Hoe ver moet ik?'

'Tot ik zeg dat het genoeg is geweest, kankerhond.'

'Zo is het wel genoeg,' zei Daan. 'Straks ziet meester het.'

Maar meester zag het niet.

Het vond nooit tegelijk bij Gijs en mij plaats. Als de een de pineut was, had de ander vrij. Het gebeurde ook niet vaak zo heftig, hoogstens een paar keer per maand, en nooit op vrijdag. Pesters hebben ook weekend.

De frequentie nam toe nadat mijn meester de klas bijeen had gehaald. Hij had het niet aangekondigd. De opstelling was anders, de stoelen stonden in een kring, de tafels aan de buitenkant tegen elkaar aangeschoven. Hij zag er moe uit, zoals wel vaker, maar deze keer leek hij moe op een andere manier. Achter zijn bril kon je zijn bloeddoorlopen ogen zien, alsof hij er net in had gewreven of had gehuild. Op het groene schoolbord stond in krijtletters geschreven: 'jezelf zijn', met een cirkel eromheen. Het begin van een woordspin, zoals we de dag wel vaker begonnen. Hij klapte in zijn handen, de directeur kwam binnen. Alsof ze het zo hadden afgesproken.

'Goedemorgen, allemaal. Wat fijn jullie weer te zien. Waarom zitten we in een kring, zullen jullie denken, het is tenslotte geen maandag. Vandaag hebben we geen les, maar gaan we het hebben over jezelf zijn.'

'Kunnen we niet gewoon gaan rekenen?' vroeg Gijs.

'Nee, morgen weer. Vandaag hebben we een speciale dag.'

De meester vertelde over culturen, verschillende gebruiken, normen en waarden. Hij zei dat iedereen alleen maar zichzelf kon zijn door respectvol met elkaar om te gaan. En dat hij het gevoel had dat het daaraan soms ontbrak in onze klas. 'Ik zal een voorbeeld noemen. Als ik jullie hoor schelden, met "gay" of "homo" of "flikker", voelt het alsof jullie mij niet respectvol behandelen. Ik ben getrouwd, maar niet met een vrouw. Ik heb een man.'

Daan moest lachen, Ruben en Alex daarna ook. 'Dus u bent gay?'

'Ja, ik val op mannen. Ik zou het fijn vinden als jullie mij respectvol behandelen, zoals ik jullie ook respectvol behandel.'

'Is goed, meester,' zei Ruben.

'Dat houdt in dat ik jullie niet meer wil horen schelden met alles wat te maken heeft met seksuele voorkeur. Geen gay, homo, of alles wat erop lijkt. Is dat hierbij afgesproken?'

'Ja, meester,' zei de klas in koor.

Die middag werd ik opgewacht, de middag erna opnieuw.

MIJN OUDERS WAREN na school nooit thuis. Mijn vader werkte bij de marechaussee en moest regelmatig vreemdelingen uitzetten naar Nigeria. Mijn moeder was directeur van een basisschool. Van kleins af aan werden mijn zusje en ik na schooltijd daarom altijd opgevangen door oppas Mira, een gezette vrouw die mijn zusje als haar eigen dochter zag en naar mij nauwelijks omkeek. Mira en ik konden het niet goed met elkaar vinden, we hadden vaak ruzie om niets. Slechts zelden had ik haar hulp nodig, zoals die keer dat ik per ongeluk een Fruittella Dummy in mijn neus had gestopt. Boos had ze haar lange roodgelakte nagel diep in mijn neusgat geduwd om de snoepkorrel los te pulken. De rest van de dag liep ik rond met een tampon in mijn gezicht.

Als Mira er was bleef ik nooit lang thuis. Ik at een banaan, rende naar mijn kamer en trok mijn favoriete groene trui, een trainingsbroek en kousen aan, gooide mijn gebitsbeschermer, scheenbeschermers en een bal in mijn sporttas en fietste naar de hockeyclub. Daar was altijd wel iemand met wie ik een balletje kon slaan op het oefenveld. En als er niemand was, trainde ik op strafballen. Pas als ik de bal tien keer achter elkaar in de kruising plaatste, mocht ik van mezelf naar huis.

Eigenlijk wilde ik voetballen, net als de pesters op school. Voetballen was tof en voor iedereen, hockey suf en voor kakkers. Maar ik mocht niet op voetbal van mijn ouders. Mijn vader had op een blauwe maandag selectie gedaan als doelman bij AZ. Hij redde het niet. Nog voordat de selectie rond was scheurde hij zijn kruisbanden. Einde oefening. Mijn moeder had gehockeyd, net als haar broer en zussen. Ze hield er een enkele keer een blauw oog aan over. De keuze was snel gemaakt.

In de eerste jaren huilde ik regelmatig. Ik wil niet hockeyen, echt niet, zei ik tegen de trainer. Tijdens een van de eerste wedstrijdjes die ik als zesjarige speelde, wipte een tegenstander de bal op mijn rechteroogkas. In mijn hoofd klonk het alsof er een champagnefles werd ontkurkt. Binnen een paar minuten zag ik niets meer en zat ik op de reservebank met een zak diepvrieserwten op mijn oog.

Tegen de tijd dat het pesten begon, werd ik steeds beter in hockey. Hoe meer ik werd gepest, hoe vaker ik op het hockeyveld te vinden was. Ik speelde in het selectieteam, Gijs een stuk lager. Op de hockeyclub zagen we elkaar nauwelijks. Bovendien was het niet de bedoeling dat je met jongens uit lagere teams omging. Zeker niet als je bij de selectie hoorde. Eigenlijk spraken Gijs en ik elkaar überhaupt nooit ergens anders dan op school. Daar waren we door de pesters tot elkaar veroordeeld. Geen keuze, eerder noodzaak. We waren bondgenoten. Of lotgenoten, eigenlijk. Een pact dat de ander zonder opgave van reden kon verbreken. Tot dat moment stonden we in ieder geval met onze ruggen tegen elkaar in plaats van tegen de muur.

Op een maandag had Gijs zich ziek gemeld. De meester in het ruitjesoverhemd ging de klassenlijst alfabetisch af en zette een kruisje bij de foto van de jongen met het spierwitte kapsel. Dinsdag en woensdag gebeurde hetzelfde. Een week ging voorbij, twee weken. Op de hockeyclub zag ik hem wel.

Maar zodra hij mij zag, zette hij snel zijn keepershelm op, ook als zijn training nog lang niet begon.

Hij had zijn vertrek niet aangekondigd – als een spits die met een schijnbeweging zijn verdediger in de luren legt en vrij voor het doel komt te staan. Na een paar weken drong het tot me door dat Gijs niet meer naar school zou komen. De meester vertelde het pas toen ik hem ernaar vroeg, tijdens het opruimen van de klas. 'Ik dacht dat je dat wel wist.'

Gijs had zijn ouders verteld dat hij werd gepest. Daarna werd hij thuisgehouden tot er een nieuwe school was gevonden. Het had nog geen week geduurd.

'Word jij ook gepest?' vroeg de meester.

Ik knikte voorzichtig. De verrader, dacht ik. Mijn rugdekking verlaten zonder het te zeggen. Hoewel we allebei wisten dat dat moment ooit zou komen, was het toch fijn geweest als hij het had laten weten. Dat had ík gedaan.

Ik bleef achter, miste hem niet, was ook niet bezig met zijn vertrek. Dat gloeiende gevoel had me ook niet vaker overvallen dan die ene keer. Het bracht me even in de war, aan het wankelen, maar niet genoeg om mijn evenwicht te verliezen. Het voelde eerder als schaamte na een onbesuisde opmerking: even rood aanlopen, ontkennen dat je rode konen hebt, nog roder worden, even slikken en weer door. Oncomfortabel, niet meer dan dat.

De week dat Gijs de school definitief verliet, werd de hond van mijn opa ziek door een Franse tekenbeet. Die vrijdag kreeg hij een spuitje. Na het weekend, toen ik opnieuw werd opgewacht, knapte er iets. Mira was er die avond niet. Ik vertelde mijn ouders over het opwachten, de hondenriem, het gescheld, over het potloodslijpsel dat over mijn hoofd werd gekieperd. Zonder te huilen, voor mij was het dagelijkse kost.

'Waarom vertel je het nu pas?' zei mijn moeder.

'Waarom pakken ze jou?' vroeg mijn vader.

Mijn ouders hielden me die week thuis. We zochten een nieuwe school. Het werd dezelfde school als waar Gijs op zat. Het was een kwartiertje fietsen richting het centrum. Eigenlijk hadden ze geen plek meer, zeker niet na de komst van Gijs, maar na hem konden ze mij niet weigeren.

Ik kwam niet bij hem in de klas. De directeur hield ons uit elkaar. Twee nieuwelingen van dezelfde school die midden in het jaar instroomden, dat zou te veel gaan klitten. We zagen elkaar alleen nog op het schoolplein, maar na een paar weken zocht ik hem al niet meer op. Het gloeiende gevoel van die ene dag kwam nooit meer terug. Een vergissing, dacht ik.

ONS LOKAAL ZAT aan een lange gang met aan het uiteinde een trappenhuis. De enige plek waar natuurlijk licht binnenviel. In de rest van de gang hingen om de paar meter tl-buizen die het de ene dag wel en de andere dag niet deden.

Computers waren op basisscholen nog geen gemeengoed. Soms, als je voorliep op de rest van de klas, mocht je erop werken. Vrijwel alles waar je écht naar wilde zoeken, was geblokkeerd. Ik keek uren naar satellietbeelden van Google Earth. Onze dependance stond nog niet op de kaart, net zomin als ons nieuwbouwhuis. Zandvlaktes in een verder volgebouwd gebied. Ik ontdekte dat het Amsterdamse Slotervaartziekenhuis vanuit de ruimte leek op een swastika en vond de Keppel Islands, een eilandengroep aan de oostkust van Australië. De jaren erna vertelde ik vaak dat het familielandgoed was. Niemand die daaraan ook maar een moment leek te twijfelen.

Juf Juliette riep me bij zich. Of we in de pauze even konden praten. We liepen door de donkere gang en gingen op de bovenste traptrede zitten. Ze trok haar bh-bandje recht op haar schouder en frommelde een kastanjebruine krul achter haar oor. 'Meisjes uit de klas zeggen dat je een *player* bent.'

'Player?' vroeg ik.

Ze opende haar paarse broodtrommel en pakte een partje voorgeschilde appel. 'Ja, dat je al heel veel vriendinnetjes hebt gehad en met veel meisjes zoent.'

Ik keek haar verbaasd aan. Ik, meisjes, zoenen.

'Ik wilde alleen tegen je zeggen dat het niet *normaal* is als je met veel verschillende meisjes zoent en hen allemaal tegelijk leuk vindt.'

Ik bleef stil. Wat moest ik in godsnaam zeggen? Ik liep rood aan, dat voelde ik, vervuld van ongemak. Die meisjes hadden duidelijk een verkeerd beeld. Natuurlijk, ik maakte wel eens dingen mooier dan ze waren. Een muur optrekken, zeggen dat het er veel waren, en allemaal tegelijk, leek me genoeg om iedereen ervan te overtuigen dat het met mij wel goed zat. Pepijn de player. Het idee alleen al leek onwaarschijnlijk, de praktijk ondenkbaar.

Juf Juliette vond het zorgelijk genoeg om erover te praten. Ik ontkende dat ik het had gezegd, al wist ik donders goed dat het waar was. Of niet dat het waar was, maar wel dat ik het had gezegd en er spijt van had. Nu dacht mijn nieuwe juf dat ik een player was, dat ik kusjes uitdeelde aan alle meisjes. Was ik het maar. Juf Juliette keek dwars door me heen en zag een jongen die zich geen houding wist te geven. Ik zag iemand die met minachting naar me keek. Onbevredigend sloot ze het gesprek af met de woorden 'we zijn wel klaar, denk ik'.

Ondanks – of dankzij – mijn status als player, raakte ik al snel bevriend met Jordan en Sean. Ze zaten in de parallelklas en waren goed in sport. Jordan zat bij mij in het hockeyteam, Sean deed aan volleybal. In de pauzes voetbalden we over de hele breedte van het schoolplein, klas tegen klas. Ik tegen Jordan en Sean. We maakten doelpalen van een paar jassen, gooiden een muntje op en begonnen. Ik stond op doel, zoals mijn vader. In de weekenden oefenden we in de tuin. 'Denk er gewoon niet aan hoe je neerkomt,' zei hij dan. Toch voelde ik elke keer vlak voordat ik me afzette dat mijn linkerbeen haperde. Ik vergat de grond weg te duwen. En als ik neerkwam op de stoeptegels besefte ik waarom mijn vader had gezegd niet na te denken. Mijn duiktechniek leek eerder op neerploffen. De stoeptegels dienden als kussen. Vandaar dat ik niet op voetbal mocht. Ik dacht te veel.

HET JAAR DAT ik bij Jordan op school kwam, zaten we ook voor het eerst bij elkaar in het hockeyteam. Dat jaar werd hij mijn beste vriend. Na school gingen we samen naar de hockeyclub. Hij was tenger en toch gespierd. Jordans moeder was net als mijn moeder opgegroeid op Curaçao. Ik was jaloers op zijn lange donkerbruine krullen, dat je aan hem wél kon zien dat zijn moeder van de Antillen kwam.

Al mijn hockeyvrienden gingen op wintersport en in de meivakantie alvast in Spanje proefzomer draaien. Wij bleven zo veel mogelijk thuis zodat mijn ouders een zomervakantie naar Curaçao konden betalen. Mijn vader kreeg het jaar van mijn schoolwisseling een baan aangeboden bij de KLM, waardoor we goedkoper konden vliegen. Mijn moeder boekte een huisje op een bungalowcomplex aan het Spaanse Water, een lagune aan de zuidoostkust van het eiland. Drie van de zes bungalows werden permanent bewoond, de andere helft was bestemd voor de vakantieverhuur. Wij verbleven aan een huisje op de hoek.

Beheerder Steve gaf ons een rondleiding over het kleinschalige complex. Er was een zwembad, een kiezelstrand aan het brakke binnenwater en een houten aanlegsteiger. Het huisje had twee slaapkamers, een woonkeuken en een veranda met Nederlands tuinmeubilair. Steve haalde een kokosnoot uit een van de palmbomen, sloeg met zijn kapmes de kop eraf en liet ons proeven. Ik vond het niet lekker. De kokosnoot was nog te jong. Mijn zusje vond het verrukkelijk, zoals ze wel vaker haar best deed alles wat ik niet lekker vond heerlijk te vinden.

Om de dag kwam Steve langs om de planten te bewateren, het zwembad schoon te maken en kokosnoten uit te delen. Een enkele keer onthaalde hij nieuwe gasten, dat leek hij het leukst te vinden. Dan liep hij hetzelfde rondje: langs het zwembad, naar het kiezelstrand en over de steiger. Altijd met een brede glimlach. Het complex was zijn levenswerk en iedereen moest het net zo mooi vinden als hij.

Een kleine week na aankomst hoorden we Steves oude Amerikaan het grindpad oprijden. De wielen van koffers ratelden over de witte kiezels. Jordan en zijn broertje kwamen de hoek om, daarna volgden zijn ouders en zus. Van alle vakantiewoningen op Curaçao hadden ze uitgerekend de bungalow naast ons geboekt.

Twee weken lang trokken onze gezinnen samen op. Mijn ouders werden vrienden met zijn ouders. We gingen vriendschapskettingen rijgen bij de kralenwinkel, zongen 'Love You More' van Racoon, gingen snorkelen, aten patat met satésaus, speelden overdag yahtzee en verstoppertje na het avondeten. We doken van de rotsen en klommen op houten vlotten die voor de kust in zee dreven. We gooiden een hengel uit in het brakke water bij het bungalowcomplex en vingen een vis met stekels op zijn rug. We gilden tot Steve kwam kijken wat er aan de hand was. De stekels bleken giftig, hij haalde zijn slijtvaste tuinhandschoenen tevoorschijn om de vis te bevrijden. Daarna vingen we een murene. Weer schoot Steve ons te hulp, we visten nooit meer. Bij een souvenirwinkel kochten Jordan en ik dezelfde pyjama in de kleuren van de Curaçaose vlag, hemelsblauw met een felgele baan. Tijdens de voorbereiding op het nieuwe hockeyseizoen trainden we daar elke woensdag in. Tegen teamgenootjes zeiden we dat de pyjama het officiële wedstrijdtenue van Curaçao was.

Die zomer groeiden we steeds verder naar elkaar toe, en werd ik steeds vaker overvallen door de gloed die ik tot dan toe alleen maar op dat ene moment bij Gijs had gevoeld. Ik wilde me tijdens verstoppertje met hem verschuilen, tussen de cactussen of gehurkt achter een muurtje. Het liefst alleen met hem en niemand anders, om nooit meer te worden gevonden. 's Nachts droomde ik hoe ik mijn hand door zijn lange haren haalde. Om vervolgens badend in het zweet wakker te schrikken omdat hij dat afwees. Ik lag wakker tot ik besefte dat ik niet wakker was geworden van de droom, maar omdat de airco was uitgevallen. Een stroomstoring, zoals vaker op het eiland. De hitte was binnen luttele minuten mijn longen ingekropen. De dromen bleven komen, ook als de stoppen niet doorsloegen.

Als hij onze vriendschapsketting een dag niet droeg, vroeg ik me af of ik wat verkeerd had gedaan. Ik begreep niets van mezelf, of de gedachten aan hem. Waarom ik soms alleen in slaap kon komen door 'Love You More' op mijn MP3-speler af te spelen en het nummer keer op keer te playbacken. Net zo lang tot de zin *every day I love you more* niets anders opriep dan overgave aan die gloed.

IN MIJN VROEGSTE hockeyherinneringen moet ik alleen maar huilen. Ik wil niet, echt niet, zei ik tegen mijn ouders. Hoe vaker ik zou gaan, hoe beter ik zou worden, hoe leuker ik het zou vinden. Toch? Ik was nog maar zes toen ik me voor het eerst op het veld van Xenios meldde, een amateurclub aan de Ringvaart in Amsterdam. Daarvoor had ik al een babystick, lichtblauw met een badstof grip. Ik sloeg met mijn vader een tennisbal over op een plein in de buurt. Hij gebruikte een oude houten stick die vroeger van mijn moeder was geweest. Mijn weerzin kwam toen het steen plaatsmaakte voor gras. Daar was geen causaal verband te leggen, toch vielen die momenten samen.

Tegen de tijd dat ik zelfstandig naar het veld kon fietsen, van ons huis in de Vinex-wijk, over sluisjes, langs mijn basisschool, en dan nog door een woonwagenkamp, verdwenen ook mijn tranen. Ik kreeg wat meer zelfvertrouwen, vond hockey met vlagen soms zelfs even leuk, zoals mijn ouders hadden voorzien. Zeker wanneer Karel Klaver, Xenios' clubheld, kwam kijken. Een roemruchte spits uit een ander tijdperk die meer dan honderd interlands achter zijn naam had staan. In het dilettanterige clubhuis stond ergens nog een ingelijst wedstrijdshirt in een bedompte hoek te verstoffen. Soms stond hij langs de lijn. Als hij er was, veranderde ons spel. We werden egoïstischer, wilden aan hem laten zien wat we konden. Nick, onze spits, speelde niet meer over. Jordan draaide zichzelf vast. Het was ons eerste seizoen op een groot veld, in onze beleving speelden we elke week een olympische finale. Een finale die Karel nooit won.

Ik droomde van die finale, al zei ik dat toen nog niet hardop. Een stille droom waarvan je bang bent dat hij vervliegt zodra je hem uitspreekt, oplost als een suikerklontje in water. Mijn olympische droom bleef van mij – ook, of met name, omdat ik dan niet kon falen. Geen kind wil zijn ouders teleurstellen, ook ik niet.

Het jaar dat Karel voor het eerst bij Xenios langs de kant stond, was ik tien en werd ik uitgenodigd om selectie te doen voor het Noord-Hollands districtsteam. Er was plots een pad naar de top van de Olympus. Ik hoefde alleen nog maar de leuning vast te pakken en mezelf, trede voor trede, omhoog te werken. Opgeven is altijd de makkelijke keuze, dat leerden ze me daar al vroeg. Opgeven is voor de zwakken, de minderen onder ons. Succes was maakbaar, pijn een emotie: die voel je alleen als je je ervoor openstelt. Daarom leerden we lachen als het zwaar was, het medicijn tegen de pijn, niet uitbundig, maar tanden bloot en mondhoeken omhoog, meer was niet nodig, de ontspanning waar het lichaam zo naar verlangde.

MIJN BENEN TRILDEN. Ik wilde dat het zou stoppen, drukte met mijn handen op mijn knieën. Mijn voeten plat op de grond. Mijn kuiten gespannen, een elastiek op maximale rek. Ik sloot mijn ogen, haalde een paar keer diep adem. Dat leerden we van onze trainers, die kennis herhaalden alsof ze het zelf hadden bedacht. De spieren in mijn handen spanden zich kort en willekeurig aan. Een laatste stuiptrekking van een dier dat nog niet wil sterven.

Je gaat zo beter hockeyen dan je ooit hebt gedaan, sprak ik mezelf toe. Een zin die ik eindeloos herhaalde. Mijn hoofd was een grot, mijn gedachten het geluid, de echo. Ik zou beter hockeyen dan ik tot nu toe had gedaan. Een bevel, van mijn hoofd aan mijn lichaam. Er werden maar weinig jongens uitgenodigd om selectie te doen voor het Noord-Hollands. Dit was de kans die een enkeling kreeg. Ik was die enkeling, dit was die kans.

Mijn vader bracht me naar het Amsterdamse Bos, het hockeymekka van Nederland. Drie grote clubs, meer dan vijftien velden waaronder een stadion. Voor vertrek pakte ik mijn hockeytas drie keer uit en weer in. Scheenbeschermers, check. Bitje, check. Stick, check. Daarna sloeg ik een kruisje. Boven, onder, links, rechts. Waarom weet ik niet, ik geloofde nergens in, ook niet in mezelf.

Mijn vader was zenuwachtig. Hij was stil en zette de radio harder dan normaal. Het was niet druk op de weg, zo net na lunchtijd. Ik had nog vakantie, het was begin augustus, mijn vader was alweer aan het werk. We waren eerder teruggekomen uit Curaçao omdat ik selectie mocht doen. Daar was een behoorlijke ruzie aan voorafgegaan.

'Ik laat mijn vakantie niet bepalen door sport,' had mijn moeder gezegd.

'Maar mam, dit is voor het Noord-Hollands.'

'Dus?'

'Daar wil iedereen bij. Je wordt niet zomaar uitgenodigd om selectie te mogen doen.'

'Talent komt altijd bovendrijven, of je nou meedoet aan die selectietrainingen of niet.'

Onbegrijpelijk. Ik rende naar boven. Ik hoopte dat ze aan het gestamp hoorde dat ik boos was. Meer munitie had ik niet.

'Blijf hier! Je kunt niet zomaar uit een discussie weglopen.'

'Dat doe ik nu toch?'

'Pepijn Keppel, terugkomen!'

Een paar uur later riep ze me voor het avondeten.

'Ik kom niet.'

Ze gooide de deur naar zolder met een klap dicht.

Pas toen ik misselijk werd van de honger ging ik naar beneden. Het was een uur of negen. Mijn moeder stond onder de douche, mijn vader zat op de bank sport te kijken.

'We gaan gewoon selectie doen, hoor,' zei hij.

Er was geen vrije parkeerplek in het Amsterdamse Bos. We reden een rondje, daarna nog een. Voor en achter ons deden andere auto's hetzelfde. Het was nog een klein halfuur tot het begin van de selectietraining. Ik moest me nog officieel aanmelden en daarna omkleden. Voordat we aan het derde rondje begonnen, stelde mijn vader voor dat ik uit de auto zou springen. Dan kon ik me zonder hem voorbereiden en zocht hij rustig verder. Het was dat, of te laat komen. Ik sloeg het portier open. In de spiegel zag ik andere jongens hetzelfde doen.

Ik stak de straat over en liep op een drafje over het zandkleurige grindpad naar het clubhuis van hockeyclub Amsterdam. De velden werden alvast besproeid door waterkanonnen. Het clubhuis had wat weg van een bunker, veel ijzer en beton, dikke muren, binnen was het koud. Achter een tafeltje zat een vrouw met opgestoken haar. Ze droeg pareloorbellen en een goudkleurige schakelketting. Voor haar lag een namenlijst, links van haar stond een kartonnen doos met hesjes.

'Naam?'

'Pepijn Keppel, mevrouw.'

Haar pen zweefde over het papier, ze hield even stil en zette een kruisje. Daarna grabbelde ze in de doos. Ik kreeg een oranje hesje, nummer 6. 'De training begint over een halfuur. Een kwartier voor de start word je op het veld verwacht. Veel succes.'

De kleedkamer rook naar zwembad en zweet. Er zaten nog maar een paar jongens. Wat anderen waren door hun ouders vroeg afgezet en stonden ongeduldig op het veld elkaar te imponeren met trucjes. In de kleedkamer de laatkomers en de jongens met minder sociaal of technisch vernuft. Ik behoorde tot beide categorieën.

Het was stil. Niet de stilte die komt met rust, maar die hoort bij zenuwen. Ik trok mijn sokken, spijkerbroek en onderbroek uit – kousen, trainingsbroekje en geluksonderbroek aan. Het hesje over mijn lichtblauwe sportshirt. Ik vulde mijn bidon en verliet zonder iets te zeggen de kleedkamer. Waterdruppels dansten boven het kunstgras. Als de zon even doorbrak leek het een doorzichtig gordijn van duizenden miniregenbogen.

Nick stond al op het veld. Hij sloeg op doel, zijn bal kaatste via de plank terug. Mijn vader had nog voorgesteld dat ik met hem mee zou rijden, maar dat wilde ik niet. Ik had ruimte nodig, tijd om mijn zenuwen onder controle te krijgen. Wat als ik na de eerste selectiedag te horen zou krijgen dat ik niet meer hoefde te komen? Nick zou vast en zeker mogen blijven, dacht ik, hij was de man van de harde slag en de mooie goals, de spits die iedereen in zijn team wilde hebben. Ik was verdediger: degelijk, maar zeker geen selectiemateriaal.

Er stonden zes trainers op het veld. Ze verdeelden de ballen en zetten oefeningen uit met pionnen in primaire kleuren. Op het scorebord langs de zijlijn versprong de klok. Een man met pet en stopwatch floot op zijn vingers, precies een kwartier voor de start van de training. We dribbelden naar hem toe en vormden als vanzelf een kring. 'Welkom op de eerste selectietraining voor het Noord-Hollands. Ik ben aankomend seizoen de coach. We beginnen vandaag met een training waarin we vooral zullen letten op jullie techniek. Daarna gaan we lunchen in het clubhuis. In de tweede training, aan het eind van de middag, draait het vooral om spelinzicht en spelen we wedstrijdjes. Eerst neemt looptrainer en fysiotherapeut Dirk jullie mee voor de warming-up. Vragen? Nee? Mooi.'

Dirk stak zijn hand nonchalant op. Hij had zijn halflange, blonde haar strak achterovergekamd en droeg een te kleine Adidas-broek. 'Ik ben de fysiotherapeut en looptrainer. We hebben een halfuurtje voor de warming-up, dat is aan de korte kant dus ik stel voor om meteen te beginnen. Zoek een plekje op de achterlijn met genoeg ruimte. Dan beginnen we met joggen.'

Na het rennen kwam het voetenwerk – hakken-billen en kruispassen – de sprints en krachtoefeningen. Bij Xenios deden we onze warming-up zelf. Er was geen looptrainer of fysiotherapeut. We deden geen krachtoefeningen. Wij kwamen gewoon naar training om plezier te maken, om te hockeyen, onze coaches stonden tijdens de warming-up soms nog shag te roken achter het clubhuis. We deden allemaal alsof het schema van Dirk normaal was, alsof het zo hoorde en we niet anders gewend waren. Iedereen hield zijn mond en luisterde naar zijn bevelen.

'Jongens,' zei Dirk na de warming-up, 'het moge duidelijk zijn: we zijn hier niet voor de gezelligheid, de knop moet om, de training begint niet pas als we gaan hockeyen. Die begint als ik jullie meeneem. Laat het een laatste waarschuwing zijn, voor wie er volgende week nog is.'

De techniektraining verliep dramatisch. Op mijn club speelden we op ouderwetse kunstgrasvelden met zand, daarop rollen ballen traag en stuiteren ze nauwelijks. Op een waterveld rolt de bal snel en bij een technische fout stuitert hij oneindig. Ik was het niet gewend, de bal sprong voortdurend over mijn stick. Ik keek naar de andere jongens, die ging het beter af, zo leek het. Zij waren technischer, verfijnder dan ik. Ik was goed in wedstrijdjes, het team neerzetten, ballen afpakken.

Om het veld stonden trainers van de hockeybond ons te beoordelen, maakten aantekeningen op een schrijfbord. Als je het doel miste, beten ze hoofdschuddend op hun tanden, waarna ze wat op papier krabbelden. Dat was het dan, mijn kans voorbij. Ik sprak mezelf toe – 'je bakt er niets van', 'wat doe je hier in godsnaam' of 'tering' – zoals ik in de auto ook had gedaan. Altijd in de tweede persoon. En als het een keer goed ging, putte ik daar geen vertrouwen uit. 'De volgende keer gaat het toch weer slecht.'

Wat moesten die ouders langs de kant wel niet denken? Ik hoorde ze fluisteren, dat het fijn was dat ik mislukte. Bij elke mispeer gleed ik dieper de afgrond in. Een ravijn waarvan ik tot dan toe het bestaan niet wist. Ik schoof met een rotvaart naar beneden.

Ik zag mijn vader, die aan het hek stond. Zag hij me mentaal afbrokkelen? Pijn lijden? Ik keek naar hem, hij naar mij. Sorry dat ik dit niet kan. Dat ik niet goed genoeg ben voor het Noord-Hollands. We hadden het kunnen weten. Er stonden toptalenten op het veld, van professionele clubs als Bloemendaal, Amsterdam en Hurley. Ik was een simpele jongen van Xenios die even mocht ruiken aan een niveau dat niet voor hem was weggelegd. Ik was er voor de statistieken, de boeken, de excuusamateur waarmee de hockeybond wilde aantonen dat er wel degelijk naar talent bij de kleine clubs werd gekeken.

Na de training kwam mijn vader naar me toe. 'Hoe vond je dat het ging?'

'Hm, wel oké,' loog ik.

'Je kon goed meekomen, hoor. Het is wennen, hè, zo'n waterveld?'

'Ja, die bal stuitert veel meer.'

'Ga maar lunchen, ik ga terug naar werk en zie je straks.' Hij gaf me een kus op mijn voorhoofd en liep naar de auto. Aan de achterkant van zijn overhemd zag ik zweetplekken.

Na de training stond het eten klaar, maar iets weerhield me ervan om op te scheppen. Het leek ongemakkelijk om met slechts een paar anderen aan de enorme steigerhouten tafels plaats te nemen. De rest was om onduidelijke redenen eerst richting de kleedkamer gelopen.

'Jullie zijn snel,' zei Rob. 'Hoeven jullie niet te douchen en schone trainingskleren aan te trekken?'

'Die ben ik vergeten,' zei ik.

De rest hield wijselijk zijn mond.

'Volgende keer moet dat, anders krijg je blaren van de natte sokken.'

Ik knikte en zocht een plek aan een van de tafels. Het was de eerste keer dat ik twee keer op een dag trainde en wist niet dat er tussendoor werd gedoucht, noch dat er lunch klaar zou staan. Voor veel anderen leek het een volstrekt normale gang van zaken. Mijn vader had broodjes gesmeerd, met kaas, en onder in mijn sporttas gemikt. Voor de zekerheid had ik douchespullen, voor achteraf. Maar die zou ik er alleen uithalen als ik door mocht naar de volgende selectieronde.

De populaire jongens die bij de profclubs speelden, claimden een plek in het midden van de langste tafel. Daaromheen gingen de jongens zitten die graag populair wilden zijn. Zij waren het publiek, een lachband. Nick zat daar ook. Ik zat aan de buitenkant, met andere spelers van amateurclubs. In het midden van de tafel ging het over pornosterren, voetbal en dure auto's. Om de pijnlijkste grap werd het hardst gelachen, om de domste opmerking zo niet nog harder.

Wij hadden het over hockey, over wie er aan het eind van de eerste dag zou afvallen. Bij ons werd niet gelachen. Bij ons overheerste de angst om afgewezen te worden, om te worden uitgeselecteerd. We dachten aan hoe we onze ouders moesten uitleggen dat we niet goed genoeg waren. Of we ze het eerlijke verhaal zouden vertellen, of zouden liegen. We hielden ons gedeisd, dan bleef onze aftocht hopelijk onopgemerkt, via de achterdeur terug naar huis. De populaire jongens zouden ons na vandaag vergeten, of soms nog oprakelen als onderwerp van een grap. 'Die Pepijn kon er echt geen fuck van,' hoorde ik ze onder de douche al tegen elkaar zeggen, waarna ze met hun natte handen op de muur zouden slaan of met hun pik in het rond zouden slingeren.

Rob klapte in zijn handen. Iedereen legde zijn boterham op zijn bord, of propte hem snel in zijn mond. 'Over twintig minuten verzamelen we bij het stadion. Daar maken we teams en spelen we de hele tweede ronde partijtjes. Vergeet je hesje niet.'

Samen met de amateurclubjongens liep ik naar het stadion. We zeiden weinig. Soms probeerde iemand een harde grap te maken, zoals de populaire jongens deden, maar niemand van ons moest daarom lachen. Het was nog geen honderd meter lopen van het clubhuis naar het stadion. Het voelde als een beproeving, een bergtocht zonder geschikte uitrusting, met lood in de schoenen. We wisten wat de uitkomst van vandaag zou zijn, al waren we pas op de helft.

Rob floot op zijn vingers, er vormde zich opnieuw een kring. Ik werd ingedeeld in de tweede groep. Elk team kreeg zijn eigen coach, Rob werd de onze. Hij nam ons mee naar een overdekte hoek van het stadion, een uithoek, ver van de andere groepjes. 'Goed, mannen. Eerst even inventariseren op welke positie jullie staan bij je eigen club. Als ik je naam opnoem, zeg je welke linie je speelt.'

Ik was een van de laatsten. 'Achterin,' zei ik, zoals zeker de helft van de jongens had gezegd.

'Nou,' zei Rob, 'verdedigen is het beste offensief vandaag.' Hij krabde aan zijn stoppelbaard, nam zijn pet af en zette die opnieuw op. Even werd de grijze pluk net boven zijn oren zichtbaar. 'Daar doen we het dan maar mee. Goed, ik wil dat we een *half court press* neerzetten met pieken naar *driekwart*. We drijven ze naar de zijlijn, waar we op *interceptie* de bal afpakken. We bouwen op in een *kom*, die we soms willen *doorkantelen* over een van de twee zijden, en gebruiken de *pivots* op het middenveld om meer ruimte te creëren op de *flanken*. Zijn er vragen? Nee? Mooi, dan gaan we het veld op.'

Mijn coach zei gewoon dat we de bal moesten afpakken. Hoe we dat deden, werd ons niet verteld. Een press, geen flauw idee. Ik durfde het niet te vragen. Rob leek ook niet te willen dat we hem ernaar vroegen. Alsof het basiskennis moest zijn, maar misschien begreep hij zelf ook niet precies wat hij bedoelde.

Ik strikte nog even mijn veters en rende vervolgens verdwaasd over het zompige waterveld. Dan stond ik weer bijna op het middenveld, de andere keer diep achter mijn verdediging. Ik zwom tussen de linies. Soms riep Rob wat termen van de zijkant. Ik was verdwaald in het spel dat ik kende. Hockey was vrij, creatief en zonder regels. Nu was het geremd, gestructureerd en vastgelegd in een voorbesproken plan. Spel werd die dag sport. Rob moet het gezien hebben, dat ik geen idee had wat ik deed. Na elke foute keuze hoorde ik mijn teamgenoten zuchten, steunen, kreunen van ergernis. 'Blijf eens weg uit de *as*!' schreeuwde mijn centrale verdediger.

De as, nog een woord dat ik niet kende. Bij het spel hoorden woorden als 'binnen' en 'buiten', 'hoger' of 'lager', 'diep' of 'steekpass'. Bij de sport ging het over de 'as', 'doorkantelen' en 'pivots'. Het spel was voor iedereen, de sport voor een select gezelschap waar ik nog niet bij hoorde.

Rob liet me staan. Ik werd niet gewisseld, speelde de wedstrijd uit. Er werd op me gevloekt. Als iedereen dacht dat ik naar links zou gaan, ging ik naar rechts, en andersom. Rob zag iets wat niemand zag, of niemand wilde zien.

Na de wedstrijdjes zonderden de selectietrainers zich af in de bestuurskamer van het clubhuis. Wij douchten, aten, dronken limonade. Er bleef veel eten over, de spanning had zich om onze magen gewikkeld en de honger verdrongen. Na twee uur werden we gesommeerd naar het stadion te wandelen. Rob stak zijn hand in de lucht, maar het was al stil. Alleen de ouders die op afstand hoopvol naar hun kind stonden te kijken roezemoesden wat.

'Het was een moeilijk overleg, maar we hebben een eerste schifting gemaakt. Dirk zal in willekeurige volgorde de namen opnoemen van de jongens die we graag nog een keer terugzien. Afvallers die vragen hebben kunnen straks natuurlijk even bij ons langslopen.' Dirk noemde mijn naam, als voorlaatste. Nick mocht ook terugkomen.

Ik weet niet precies wat ik voelde. Een soort opgewonden blijdschap waarvan ik niet blij kon worden, opluchting over iets waar ik helemaal niet opgelucht over was. Ik ontliep het falen, maar moest volgende week weer. Nog een week afzien, nog een keer een prestatie proberen te leveren. Toen ik het mijn vader vertelde, zag ik trots in zijn ogen, hij glunderde. Ik had hem nooit eerder zo gezien.

'Ben je niet blij en trots op jezelf?' vroeg hij toen we terugliepen naar de auto.

'Ik besef het nog niet helemaal, geloof ik.'

'Je mag heel trots op jezelf zijn. Ik ben heel trots op je. Ik bel mama, die is vast ook heel trots.' De opwinding in zijn stem kon hij niet onderdrukken. Hij gaf zijn telefoon aan mij.

'Hoi, mam.'

'Hoi, lieverd. En?'

'Ik mag nog een keer terugkomen.'

'Wauw, wat goed, gefeliciteerd. Ben je trots op jezelf?'

'Ik denk het.'

Ik was niet trots, ik wilde niet nog een keer. Ik wilde dat hockey een spel bleef. Maar dat was het na die dag nooit meer.

Een week later was de tweede selectieronde. Opnieuw twee trainingen, een technische en een tactische. Ik werd geselecteerd, Nick niet. Vanaf de zomer hoorde ik bij de twintig grootste hockeytalenten van Noord-Holland in mijn leeftijdscategorie. Mijn ouders vertelden het hun vrienden, ik vertelde het op school en bij mijn hockeyclub. Iedereen was trots, iedereen wilde mijn aandacht. Ik was de enige jongen van mijn amateurclub in de selectie van het district. Ik werd al vergeleken met Karel Klaver, die werd toch ook al jong geselecteerd? Xenios wilde een nieuwe held.

Sommigen begrepen niet dat ze voor mij hadden gekozen, het moest vast een vergissing zijn. Dat zeiden ze nooit tegen mij, ik hoorde het van anderen. Ik dacht zelf ook dat ze een fout hadden gemaakt. Ik wilde er niet eens bij horen, bij het Noord-Hollands. Waarom selecteren ze iemand die niet wil?

Maar niemand zag het, en ik hield vol. Ik genoot van de aandacht, werd gevraagd om bij een professionele club te komen spelen. Bij Hurley, een van de clubs in het Amsterdamse Bos. Nick zou daar ook gaan spelen. Daar was Karel na Xenios ook naartoe gegaan, het paste perfect in het verhaal. Bij Hurley zou ik gaan hockeyen met allemaal jongens van hetzelfde niveau, vertelden de trainers mijn vader. Een gouden kooi, waar je lastig uitkomt. Een topsportgevangenis.

IK GING NAAR groep acht en kreeg mijn eerste vriendinnetje, Geertje. Ze had een Italiaanse vader en een Nederlandse moeder. Geertje was onzeker, en daardoor stil, iemand die meer in haar hoofd leeft. Haar haren in een nonchalante knot en geen make-up op haar gezicht, terwijl de andere meisjes hun puisten dichtsmeerden met een dikke laag foundation, die vaak net niet de juiste kleur had. Ik was er trots op dat ze mijn vriendinnetje wilde zijn. Iedereen mocht het weten. Voor haar verjaardag kocht ik twee zilveren kettinkjes met aan elk een hangertje met onze voorletter. Vanaf dat moment noemden onze leraren ons Peertje en Gepijn.

Mijn meester droeg zijn haar ook in een knot, of soms in een paardenstaart. Hij zag eruit als een woeste vent. Voordat 's ochtends de les begon, draaide hij muziek van de Red Hot Chili Peppers. Dan trok hij het elastiekje uit zijn haar om vervolgens headbangend door de klas te bewegen. Soms speelde hij de opening van de plaat mee op zijn elektrische gitaar die in de hoek van het lokaal stond, naast het aquarium met guppy's, terwijl de klas binnendruppelde.

Het was zo'n leraar die zich identificeert met zijn leerlingen. Door ons voelde hij zich jong, zei hij. Alsof de wereld nog altijd aan zijn voeten lag en niemand hem wat kon maken. Hij reed naar school op een chopper en plaagde ons met de gammele fietsen waarop we aankwamen. Ik reed op een paarse fiets die van mijn nicht was geweest. Dat vond hij dan wel weer cool. 'Jij hebt gewoon schijt,' zei hij dan. Aan wat precies bleef onduidelijk.

De klas liep twee aan twee van de dependance naar de hoofdlocatie, een kwartier verderop. Ik had een afgedankte hockeytas op mijn rug met daarin mijn gymkleren. De temperatuur was al wat opgelopen. Nog geen kortebroekenweer, maar warm genoeg om zonder jas buiten te zijn. De auto's waren bedekt met stuifmeel. Je kon op de ramen schrijven, of piemels tekenen, zoals mijn klasgenoten liever deden.

Hoewel ik net was geselecteerd voor het Noord-Hollands, was ik niet goed in gym. Ik deed fanatiek mee met basketbal, maar aan alle andere gymlessen had ik een hekel. Dat kwam doordat ik altijd als een van de laatste jongens werd gekozen. Een gevolg van de reputatie die ik opbouwde tijdens paaltjesvoetbal. Zelfs als we gingen hockeyen werd ik niet als eerste gekozen.

Dion was de populairste jongen van mijn jaar, voornamelijk omdat hij was blijven zitten. Soms droeg hij een gele of groene boxer, meestal een knalroze Björn Borg die net boven zijn broek uitstak. Steeds meer jongens in de klas droegen hun broek zo. Hij was wel goed in gym, vooral in paaltjesvoetbal. Het leverde hem een godenstatus op in onze klas: onschendbaar en begeerlijk.

Na gym werd door bijna de hele klas gedoucht. De meeste jongens in onderbroek, anderen naakt. Dion deed die lentedag zijn boxer voor het eerst uit. Ik zat op het bankje in de kleedkamer te kijken hoe hij zich inzeepte. Hij kneep de vloeibare douchegel uit de verpakking, wreef in zijn handen tot de gel schuimde. Eerst zijn oksels, toen billen en besneden pik. Ik merkte dat mijn sportbroekje strakker zat en besloot het douchen over te slaan. Na die dag douchte ik nooit meer na gym.

Het beeld stond op mijn netvlies gebrand. Zelfs toen ik die avond thuis in bed lag kon ik het oproepen. Elke schooldag daarna werden mijn ogen naar zijn billen getrokken. Soms vluchtig, andere keren staarde ik minuten dromerig voor me uit. Het weeïge, gloeiende gevoel dat ik eerder bij Gijs en Jordan voelde, kreeg ik bij het zien van Dions kont ook.

Mijn verkering met Geertje duurde een klein halfjaar. In de zomer ging ik met mijn ouders naar Italië. Daar zagen we haar en haar ouders een dag lang bij een zwavelbad. Het water was troebel turquoise en stonk afschrikwekkend. Het kwam slechts tot mijn knieën, toch kon ik mijn tenen niet zien. Onze ouders zaten in het meurende water en dronken witte wijn met ijs. Geertje had een opblaasband meegenomen. Zodra de stroming enigszins op gang kwam, ging ik erin zitten en liet ik me een paar honderd meter meevoeren. Ik wilde daar niet zijn. Of wel daar, maar niet met haar. Elke meter die ik verder van haar afdreef, groeide de opluchting. Waarom was ik met haar? En hoe kwam ik van haar af?

Ik was een week eerder terug uit Italië dan Geertje en had niet meer gereageerd op haar sms'jes. Het werd duur bovendien. Eens in de paar dagen moest ik nieuw prepaidtegoed activeren. Zodra dat was gelukt, stroomden er zoveel berichtjes binnen dat ik meteen weer nieuw tegoed moest kopen om die te kunnen beantwoorden.

Bij de Bruna in het winkelcentrum, een paar minuten fietsen van ons huis, zocht ik een ansichtkaart uit. Het werd er een met hartjes. 'Postzegels erbij?' vroeg de kassamedewerkster. Ik schudde mijn hoofd.

Lieve Geertje,

Ik hoop dat je een fijne zomervakantie hebt gehad. Ik moet je wat kwijt en weet niet hoe ik het anders moet zeggen. Ik maak het uit. Sorry. Ik blijf wel graag vrienden.

Kusjes, Pepijn

De kaart gooide ik door haar brievenbus aan de andere kant van de Vinex-wijk. Ik hoorde er nooit wat op terug.

TIJDENS DE VAKANTIE naar Italië had ik post gekregen van het Amsterdams Lyceum, een middelbare school in een welgestelde buurt. In de brief stond dat er drie kinderen moesten worden uitgeloot. Dat hadden mijn ouders en ik even gemist. De uitkomst van de loting was ook al op de mat geploft. Maandenlang had ik met mijn moeder open dagen bezocht en uiteindelijk voor deze middelbare school gekozen. Eindelijk zou ik naar een school gaan met bijna alle jongens uit mijn hockeyteam – inclusief Jordan en Nick.

Ik was een van de drie. Ik ging niet naar het Amsterdams Lyceum.

Van alle scholen die ik had bezocht, was er alleen op het St. Nicolaaslyceum nog plek. Ik nam mijn verlies en schreef me zo snel als kon in, zodat ik in ieder geval wel op de school van mijn zesde keus zou kunnen worden geplaatst.

De eerste dag na de zomervakantie werden we opgevangen door onze mentoren, ouderejaars die moesten zorgen voor een zachte landing op een oneffen baan. Ik was wat te laat en werd door een mentor naar mijn klas gebracht. We liepen de trap op. Mijn kuiten verzuurden, een dag eerder hadden we een zware hockeytraining gehad. Vanaf de tweede etage waren er tussen elke verdieping netten in het trapgat gespannen, zoals in een circus. 'Om te voorkomen dat je doodvalt als je naar beneden springt,' zei mijn mentor toen ze me ernaar zag kijken.

Dat gebeurde hier blijkbaar. Ik stelde me voor hoe het zou zijn. Om te springen, te vallen en te worden tegengewerkt door elastieken die een wafelpatroon op je huid achterlaten. Even werd ik licht in mijn hoofd, m'n kuiten trokken kort samen. Ik pakte de leuning, haalde de rug van m'n hand langs mijn voorhoofd. Die was nat. 'Ik moet geloof ik even gaan zitten.'

'Vind je het spannend om je nieuwe klas te ontmoeten? Je hoeft nergens bang voor te zijn, hoor. Iedereen vindt zo'n eerste kennismaking spannend. Je moet gewoon blijven ademhalen en je eraan overgeven. Laat het over je heen komen.'

Ik hing met mijn hoofd tussen mijn benen. Dat leerden we van onze trainers als we even te weinig zuurstof hadden en er zwarte vlekken voor onze ogen opdoemden. 'Nee, nee. Dat is het niet, geef me heel even.'

'Moet ik anders een bekertje water voor je halen?'

Voordat ik antwoord kon geven liep de mentor al verder de trap op. Ze kwam terug met een nat viscosedoekje en een plastic bekertje water. Ik legde het doekje op mijn voorhoofd en nam een slok. Het doekje lekte op mijn polo. Het haar aan de voorkant van mijn hoofd werd nat.

'Als je van de vierde verdieping naar beneden springt, wil je toch ook dood? Dan lijken die netten me niet nodig,' zei ik toen het bekertje leeg was.

'Sommige mensen krijgen spijt tijdens hun val,' zei de mentor.

'Hoe weet je nou of iemand spijt krijgt tijdens zijn val? Als je van vierhoog naar beneden klettert is er niet veel meer van je over.'

'Goed punt. In ieder geval heeft niemand het meer geprobeerd sinds die netten er hangen.'

'Als je weet dat het hier niet lukt, zou ik ook een andere plek zoeken.'

Mijn klas had mentorles op de derde verdieping. Voordat ik de deur opendeed, ging ik naar de wc. Met mijn natte haar aan de voorkant en droge krullen aan de achterkant, zag ik eruit als een vogelverschrikker. Ik stak eerst de plukken haar aan de voorkant onder de handdroger. Innovatief, dacht ik nog. Maar na een paar minuten hingen mijn krullen als een steile pony voor mijn ogen. Dan maar mijn hele kop onder de kraan. Ik tilde mijn hoofd weer rechtop, het water droop over mijn shirt. Je maakt maar één keer een eerste indruk, had mijn moeder nog gezegd voordat ik naar school vertrok.

Ik kwam binnen en zag meteen Daan zitten, een van de jongens die me van school had gepest. Onze ogen kruisten elkaar, maar sloegen meteen neer. Alleen vooraan in het lokaal was nog plek. Die les kreeg ik niets mee. Ik was uitgeloot op het Amsterdams Lyceum, waar al mijn vrienden heen gingen, om vervolgens op een andere school te worden ingedeeld bij een van mijn pesters. De middelbare school had een nieuw begin moeten worden.

Op de fiets terug zette ik mijn koptelefoon op. Ik drukte zo vaak op het plusje tot ik de ruis onder de muziek hoorde.

'Hoe was het op je eerste dag?' vroeg mijn moeder.

'Ik zit in de klas bij Daan.'

'Dat meen je niet.'

'Jawel, hij zat gewoon een paar rijen achter me.'

'Godsamme.'

'Mam, ik wil dat echt niet. Niet nog een keer.'

'PEP, KOM JE eten? Anders wordt het koud!' riep mijn moeder door het trapgat.

'Ik kom zo.'

'Kom nou, anders ben je straks te laat voor hockey.'

'Ik kom al.'

Er hingen wolken in de lucht. 'Ik voel dat het gaat regenen, want ik heb al de hele dag hoofdpijn,' zei mijn moeder op dat soort dagen. Het was broeierig geweest, zo'n dag waarop het land leek ingepakt in te dikke dekens van zware lucht. Zoals je onder de lakens zou zweten, zo zouden de warme druppels straks door de luchtdeken vallen en de aarde nauwelijks verkoelen.

Misschien ging het wel onweren. Onweer betekende een afgelaste training, een godsgeschenk waar ik tijdens dit soort dagen op hoopte. En dan niet als we al op het veld stonden. Dan konden we net zo goed doorgaan. Nee, het moest vooraf gebeuren, als je je al had omgekleed en bijna in de auto zat om te vertrekken.

We werden niet afgebeld. Onderweg naar Hurley pikten we Nick op. Hij mocht voorin zitten, naast mijn vader, en speelde voor dj. De bijrijdersstoel was voor de dj, zo werkte dat. Ik was te onzeker over mijn muzieksmaak, durfde niet te delen dat ik meestal naar de muziek van mijn vader luisterde. Ik kende geen top 40-hitjes, en dat was precies wat de dj moest draaien. Ik zat dus altijd achterin.

Het was de tijd dat je elkaar nog liedjes toestuurde via bluetooth, of illegaal downloadde. Er pasten hoogstens een paar nummers op een telefoon, meer geheugen was er niet. Daarom nam de dj gebrande cd's mee. Nick had een speciale cd gemaakt voor bij ons in de auto. Met een markeerstift had hij er 'Nicky' op geschreven.

Nicks favoriete nummer was 'Holiday in Spain' van Bløf en de Counting Crows, het eerste liedje op de cd en het enige nummer dat ik kon waarderen. Het eerste deel neuriede hij, het tweede couplet zong hij in elk geval de eerste zin mee. *Er zijn vliegtuigstoelen*. Waarbij *vliegtuig* te hoog en te vroeg werd ingezet, zijn stem oversloeg, en *stoelen* daardoor te laag uitkwam en moest worden gerekt. Mijn vader keek in de binnenspiegel, rolde met z'n ogen. Ik had het inmiddels zo vaak op Nicks manier gehoord dat ik bijna dacht dat Bløf het zo had bedoeld.

Ik was onzeker bij mijn nieuwe club. Ondanks het feit dat ze me hadden gevraagd om bij hen te komen spelen, begon ik op de bank of op rechtsachter. Posities voor spelers die dienden als opvulling. We deden veel technische oefeningen, het soort waar ik niet goed in was. Wat een miskoop, moet de trainer gedacht hebben. Terwijl mijn ouders gewoon netjes contributie betaalden.

Na een aantal oefenwedstrijden kwam ik van de bank, stond ik in de basis op rechtsachter, en voor het begin van de competitie in het centrum van de verdediging. Mijn zelfvertrouwen groeide, ik kreeg weer plezier in hockey. We hadden een goed team, haalden via een knock-outsysteem de hoogste competitie van Nederland en verloren daar vervolgens het hele jaar alles. De sfeer was er niet minder om. We wilden beter worden, elke training, elke wedstrijd. Het ging niet om winnen of verliezen, maar om groeien. Een jaar later zouden we de vruchten plukken, dat hadden we met elkaar afgesproken.

Tijdens een van de wedstrijden, aan het begin van het seizoen, stond mijn moeder te praten met de vader van een teamgenoot. Ze vertelde over mijn problemen op school, over de pester met wie ik opnieuw in de klas was gekomen, dat nergens in Amsterdam nog plek voor me was. Hij bleek wiskundeleraar op het Spinoza Lyceum in Amsterdam-Zuid en kon misschien wel wat regelen. Een week later was ik van school gewisseld. Ik had maar een paar weken leerachterstand. Het leven veranderde, eindelijk, precies zoals ik had gehoopt.

MIJN VADER STOND na de maandagtraining van het Noord-Hollands met andere ouders aan de bar een biertje te drinken. Op de gietvloer stonden designbanken, in de hoeken bananenplanten. Het had ook zomaar een hippe strandclub op Ibiza kunnen zijn. Het enige wat nog deed denken aan een hockeyclub waren de rode broeken en een ton met gevonden sticks. In de weekenden werden hier overwinningen gevierd en verlies weggedronken. Op maandag bleef het ingetogen, een klein biertje als koude douche tegen de weekendkater.

De bar bevond zich op de eerste etage. Vanaf daar had je panoramazicht op de hockeyvelden die rondom het clubhuis waren aangelegd. Onze ouders konden ons het materiaal zien opruimen. Pionnetjes, ballen, hesjes, bidons. We laadden het in een boodschappenkar en reden die naar de kleedkamer. Terwijl de ouders dronken, fristen wij ons op.

Er waren een stuk of zes kleedkamers. Het liefst douchte ik in een van de kleinere, daar was plek voor acht jongens. In de grote kleedkamers, waar zeker het dubbele aantal spelers in kon, werd door de kleedkamer-dj hiphopmuziek gedraaid. De jongens gingen zich er opgefokt van gedragen, alsof de kleedkamer even het toneel was geworden van een videoclip. Vooral de idioterie kon ik lastig verdragen.

Dus douchte ik in de kleedkamer met de andere zeven

jongens. Het was een wisselend gezelschap. Degene die traag had opgeruimd, en voor wie daardoor geen plek meer was in een van de grotere kleedkamers, was aangewezen op de kleinere kleedkamer.

Dit keer was David te traag met opruimen. Hij was een van de jongens boven aan de voedselketen. Hij een haai, ik een sardientje. Het was al even geleden dat ik gloeide. Soms dacht ik uit het niets aan zijn kastanjebruine krullenbos en helderbruine ogen. Dan was die gedachte er opeens en kon ik die ook niet zomaar wegpoetsen. We speelden al een jaar met elkaar in het Noord-Hollands. Toch had ik nog nooit met hem onder de douche gestaan. Ik douchte tenslotte in de kleine kleedkamer, en voor iemand van zijn status werd in de grotere kleedkamer altijd plaatsgemaakt. Deze keer niet.

Zijn hockeytas was stijlvol, zilver met rode details. Die van mij was groot en had wat weg van een hutkoffer, geheel zwart. Hij zette zijn tas naast die van mij, in een van de hoeken van de kleedkamer. Ik stond met drie anderen al onder de douche. Hier douchten we zonder onderbroek, alleen op de clubs deden we dat met.

David trok zijn bezwete trainingsshirt uit. Ik kon hem maar lastig zien. De douches waren zo heet afgesteld dat er een continue stoomwalm richting het omkleedgedeelte trok, een mistgordijn tussen de douche en de rest van de kleedkamer. Ik hoorde dus vooral dat hij zijn trainingsshirt uitdeed door het geluid van nat polyester op de tegels. Ik zag de schim ook zijn korte broek en kousen uitdoen, daarna wreef hij even in zijn liezen en liep hij met een handdoek in zijn linkerhand naar de douches.

David stak even zijn hoofd om de hoek. 'Is er nog plek?'

Niemand gaf antwoord, hij zag zelf al dat er een plekje vrij was en hing zijn handdoek aan een van de witte kunststofhaakjes aan de muur. Daarna stapte hij de douches binnen. 'Jezus, het lijkt hier wel een fucking sauna.'

David was een van de weinige jongens die regelmatig in mijn hoofd opdook. Hij was overduidelijk de knapste uit de selectie. Zijn tepels waren perfect rond, zijn pik bovengemiddeld groot, zijn kont rond en gespierd. Hij had een getinte huid, alsof hij het hele jaar door net terugkwam van vakantie. Iedereen in onze groep keek naar David – hij leek zich daar weinig van bewust.

Ik keek ook naar David. Ik probeerde hem in me op te nemen om hem op een later moment weer voor me te kunnen zien. Vooral zijn perfect gevormde tepels, net iets donkerder dan zijn getinte huid, sloeg ik op. Ik had geen fotografisch geheugen, maar dit soort beelden leek ik steeds vaker voor langere tijd te onthouden.

Simon, een andere jongen, leek hetzelfde te doen. Ik zag hem David bekijken, van onder tot boven, halverwege bleven zijn pupillen wat langer hangen. Hij keek opzichtig. Ik probeerde het nog een beetje nonchalant te doen. Als ik mijn douchegel van de vloer pakte, liet ik mijn ogen van onder tot boven glijden, om vervolgens dezelfde weg terug te nemen. Iedereen keek naar elkaar. Dat wisten we ook wel. Iedereen wist inmiddels van een deel van het team precies hoe zijn pik eruitzag. Of iemand overtollig voorhuid had of juist besneden was.

Simon ging sneller de douche uit, zijn handen voor zijn pik. Ik zag nog tussen zijn vingers door dat die half stijf was. Zijn eikel wees al een beetje richting het systeemplafond. Ik voelde de hitte van de douche zich steeds meer opbouwen rond mijn schaamstreek. Voordat ik hetzelfde lot als Simon tegemoet ging, spoelde ik de zeep uit mijn oksels, verliet de douche en sloeg mijn handdoek om mijn middel. Ik kleedde me zo snel aan als ik kon.

Iedereen wist dat Simons pik soms steigerde. Het gebeurde vaker, en altijd vluchtte hij de douche uit. Hij zei dat naakte jongens hem niet opwonden. Het waren puur de hormonen, dat had de dokter ook gezegd. 'Vraag maar aan mijn vader, die is arts,' zei hij dan. Niemand die dat durfde, dat wist Simon donders goed.

Het riep wel vragen op. Onderling tikten jongens elkaar aan, tijdens het eten, soms in de kleedkamer terwijl het gebeurde. Steeds vaker zorgden jongens dat ze niet bij Simon onder de douche kwamen te staan. Wie wilde nou douchen met iemand met een stijve pik? Maar ze vertrouwden Simon, ondanks het feit dat ze bang waren dat hij loog. Hij had een hoge plek in de hiërarchie, hoger dan iedereen.

Het was niemand opgevallen dat ik snel de douche had verlaten. Ik viel niet door de mand. Het was niet de bedoeling dat teamgenoten over mij hetzelfde dachten als over Simon. Ik wilde niet worden ontmaskerd, dat risico kon ik niet lopen. Wat moest ik zeggen. Sorry? Ik kon moeilijk mijn hormonen de schuld geven, dat zouden ze niet pikken. Ik zou de teamgenoot zijn die in de war was, of misschien zelfs wel anders. Dat mocht niet gebeuren. Het was topprioriteit om niet nog een keer met David onder de douche terecht te komen. Ging hij erin, dan ging ik eruit.

De vaders stonden nog bier te drinken aan de bar. Mijn vader was overgegaan op cola. De jongens kwamen een voor een de trap op voor het avondeten. Zij die van ver kwamen waren vaak het eerst boven – dat wilden hun vaders graag. Ik was een van de laatsten. Iedereen uit de kleine kleedkamer was überhaupt trager, omdat er evenveel douches als jongens in de kleedkamer pasten en we dus zo lang konden blijven staan als we wilden. In de grote kleedkamer waren er niet genoeg douches en was de doorloop sneller.

In de kantine stond de pastaschotel al klaar, voor iedereen anderhalve portie. Mijn vader had voor zichzelf broodjes gesmeerd, met pindakaas en hagelslag, meegenomen in een broodtrommel. Ik at vrij snel, dronk een halve kan limonade en zwaaide naar mijn vader. Voor hem het teken om zijn gesprek af te ronden. Ik liep in de tussentijd nog even langs de staf, om te bedanken voor de geweldige trainingen die we die dag hadden afgewerkt. Daarna nog snel plassen en door naar de auto.

Mijn vader liep rechts van me, de formatie waarin we het terrein doorgaans verlieten. Hij was trots, en ook kritisch. Ik kon zoveel beter, maar het kwam er vaak niet uit. Als we in de auto zaten wierp mijn vader nog een knijpyoghurtje in mijn schoot. Die had hij achterin in een koelbox bewaard. Ik kwam niets tekort, en daarmee tegelijkertijd alles.

IK GING NOOIT mee op toernooi met het Noord-Hollands. Dat was de schuld van mijn ouders. Ze hielden geen rekening met de zogeheten DOD, districtsontmoetingsdag – een toernooi in het voorjaar waar de verschillende regio's tegen elkaar speelden. Op de DOD kon je worden geselecteerd voor een van de Nederlandse jeugdelftallen. Mijn ouders boekten in het voorjaar een vakantie naar familie in Bordeaux, de DOD ging dus aan mijn neus voorbij.

Andere spelers van de selectie, en hun ouders, begrepen de keuze van mijn ouders niet. Zij hielden rekening met de DOD, planden hun vakantie eromheen of gingen niet. Ik was de enige speler die zich bij de trainer afmeldde voor het toernooi.

'Willen je ouders niet dat je het Nederlands elftal haalt?' vroegen ze in de kleedkamer.

'Talent komt vroeg of laat altijd bovendrijven, zegt mijn moeder.'

Ik vond het helemaal niet erg om me af te melden. Tegenover de rest van de spelersgroep deed ik er gelaten over. Ik hoefde eindelijk even geen toneel te spelen. Zij waren wekenlang nerveus. Ik stond wat meer ontspannen op het veld. Ik wilde er nog steeds niet zijn, maar stond in elk geval niet strak van de zenuwen.

Dit jaar was anders. Mijn ouders hadden besloten een keer niet naar Frankrijk te gaan.

'Jij bent er zeker weer niet,' zei coach Rob na afloop van een training terwijl ik ballen stond te tellen.

'Jawel.'

'Dat is dan ook voor het eerst.'

Een paar weken later werden we door Rob bij elkaar geroepen. 'Over een kwartiertje is iedereen gedoucht en komen we bij elkaar in de grote kleedkamer. We maken vanavond de selectie bekend voor de DOD.'

Ik douchte zoals gebruikelijk in de kleine kleedkamer. Simon ook. Hij had geluk dat we weinig tijd hadden. Nog voordat zijn pik schokkend begon te steigeren had hij zich alweer aangekleed. Ik voelde de zenuwen door mijn lijf gieren. Nu ik een keer mee kon, wilde ik ook graag geselecteerd worden. Als iedereen iets wil, ga je het vanzelf willen, ook al wil je het helemaal niet. De wet van schaarste biedt geen ruimte voor logica. Dus ik wilde mee.

Rob ging de namenlijst af, zoals hij dat ook deed in het hoekje van het stadion toen ik bij de trainingsgroep werd gevoegd. Sinds ik bij de selectie zat, was eigenlijk elke training een selectietraining, met als ultieme doel te worden geselecteerd voor de DOD. Het was een zeefconstructie waarin toptalenten bleven hangen en de minder getalenteerde broeders geraffineerd werden verwijderd. Of je het wilde was onbelangrijk, daar werd gemakshalve van uitgegaan.

'Pepijn,' zei Rob.

Ik schrok op uit mijn gedachten. Was het goed of slecht nieuws dat Rob mijn naam noemde? Ik keek om me heen. We hadden geleerd om niet te reageren. Niet blij, niet teleurgesteld. We moesten ons gezicht strak houden. Voor de uitgeselecteerden zou de pijn ondraaglijk zijn als er om hen heen feest werd gevierd.

'Jullie kunnen nu de kleedkamer verlaten en boven wat

gaan eten. Het is de bedoeling dat jullie je als groep blijven gedragen – dus niet je ouders gedag zeggen om het goede of slechte nieuws te brengen. Zoals altijd kunnen de jongens die de selectie *niet* hebben gehaald na afloop van het eten bij ons langskomen voor een verklaring. Ik wens jullie een smakelijk diner.'

Het geroezemoes in de kleedkamer kwam op en veranderde al snel in praten en lachen. We liepen om beurten de trap van het clubhuis op. Er waren meer ouders dan op andere dagen, ze keken vragend naar hun zoons. Sommige jongens staken een duimpje op. Hun vaders reageerden met een gebalde vuist, of maakten een kassagebaar. Ik had niets te melden aan mijn vader. Ik wist net zo weinig als hij.

De uitbater had enchilada's gemaakt met bruine bonen en rijst. Het was een van zijn standaardgerechten, we aten het afwisselend met pasta bolognese, lasagne en, in de winter, boerenkool. Iedereen at met mes en vork. Alleen met een vork in je eten prikken was ordinair, dat deed je niet. Etiquette was er bij ons allemaal ingestampt. Officieel hoorde daar ook je bord leegeten bij, of je het nou lekker vond of niet. Maar bij de enchilada's sneden de meeste jongens de tortilla open om de bruine bonen eruit te wippen. Die bleven op het bord achter. De etiquette gold blijkbaar niet voor bonen.

Ik was zowaar als eerste klaar met eten. Rob zat nog aan tafel met de rest van de begeleidingsstaf op flinke afstand van de spelersgroep.

'Rob, mag ik je even storen?'

'Tuurlijk, jongen, wat is er?'

'Nou, ik vroeg me af of ik nou geselecteerd was of niet.'

'Ik heb de selectie toch voorgelezen in de kleedkamer?' Hij trok een wenkbrauw op.

'Ik was er niet helemaal bij met mijn gedachten.'

'Over twee weken zie ik je op trainingsstage, ter voorbereiding op de DOD.'

'Oké, tot dan.'

'Hou je kop erbij, hè. Het komt allemaal goed.'

'Zal ik doen. Tot over twee weken.'

Ik tilde mijn tas van de vloer en sloeg die over mijn schouder. Samen met mijn vader liep ik de trap af, even langs de wc, naar de auto.

'En?'

'Ik mag mee.'

'Wat gaaf, man. In de auto bellen we mama. Wat een fantastisch nieuws.' Hij greep me bij mijn schouder, gaf een kus op mijn wang. Zijn mond leek de rest van de avond bevroren in een glimlach.

Hij propte mijn tas in de achterbak. Uit de koelbox kwam een knijpyoghurtje. Bananensmaak, mijn favoriet. Het licht van zijn telefoon scheen in zijn gezicht. Hij scrolde door zijn telefoonboek, dat zag ik in zijn brillenglazen. Er kwam een monotone toon door de autoboxen.

'En?'

'Ik zit in de auto met Pep. We rijden net weg.'

'Wat laat. Ik ben me al aan het klaarmaken voor bed.'

'Hoi, mam.'

'Hoi, Pep. Mag je mee?'

'Ja, ik ben geselecteerd.'

'Dat meen je. Wat goed, wat ben ik trots op je, wat leuk. Wanneer is het?'

'Over twee weken gaan we op trainingskamp, de week erop is de DOD.'

'Spannend, hoor. Vind je het spannend?'

'Nee, eigenlijk niet.'

'Dat is alleen maar fijn. Ik ben heel trots op je.'

'Bedankt, mam.'

‘Kom je me zo nog even een kus brengen?’

We stonden stil op de parkeerplaats, de motor pruttelde, de airco blies nog warme lucht. Altijd als mijn vader zei dat hij net wegreed, moest hij eigenlijk nog vertrekken. Hij liet de koppeling opkomen. De cd van Nick zat nog in de auto. Een ritmische gitaarriff blies door de boxen, daarna een simpele drum en de stem van Bon Scott. ‘Highway to Hell’ van AC/DC was een van de favoriete nummers van Nicks vader. Het nummer paste perfect bij deze autorit. De snelweg naar de Nederlandse hockeyhemel werd die avond geopend. Misschien dat ik de verkeerde afslag zou nemen, om vervolgens bij de poorten van de hel uit te komen. Voor hetzelfde geld werd ik een hemelbestormer. Het een sloot het ander overigens niet uit.

Mijn vader klikte door naar het volgende liedje. Queen, ‘We Will Rock You’. Een paar maanden daarvoor hadden we het nummer nog als team opgevoerd bij een playbackshow op Xenios. Wij playbackten alleen niet. Met het hele team zongen we mee met de man met de grote tanden. Onze coaches noemden hem Freddie. Dat klonk als iemand die op een woonwagenkamp woonde. Een verzonnen naam, leek het.

‘Freddie,’ zei ik tegen mijn vader.

‘Freddie Mercury,’ zei hij.

‘Huh, hoe weet jij hoe hij heet?’

‘Dat weet toch iedereen?’

‘Ik dacht dat het verzonnen was.’

‘Nee.’ Hij lachte. ‘Freddie is zijn echte naam.’

We lachten allebei. Dat deden we eigenlijk nooit, samen lachen. Mijn ouders wisten niet wat er zich in mijn wereld afspeelde. Ze zagen alleen de uitkomsten van mijn leven. Rapportcijfers en hockeyuitslagen. Elke dag vroeg mijn moeder hoe het was geweest, op school, op training, of allebei. Ze probeerde wel om tot me door te dringen, maar ik antwoordde altijd met een kort 'prima' of 'goed'. Als ze doorvroeg, wees ik haar erop dat ze altijd maar 'diepe gesprekken' wilde voeren. Ik was daar te moe voor, zei ik, had geen zin.

Het ging meestal eigenlijk niet prima of goed. Soms wel, natuurlijk, op dagen dat ik even niets moest. Dat gebeurde alleen in de zomer- of winterstop, met onweer of sneeuw. Er waren te veel dagen dat er iets *moest* en te weinig dingen *mochten*. En als er een keer een vrije dag voorbijkwam, planden mijn ouders of ik die weer vol, zodat er nooit een einde kwam aan het moeten. Ik moest niets, vond ik. Ik moest het willen, dat is het enige wat moest. Dat was precies waar het misging.

Mijn vader reed ons naar huis. Hij was trots, dat herhaalde hij de hele rit. Ik wilde niets liever dan dat hij trots op me was. Dat was de reden dat ik elke dag opnieuw op het veld stond, om die ene zin te horen.

'Pap, het is wel genoeg zo.'

'Ik mag toch wel zeggen dat ik trots op je ben? Ik ben een trotse vader.'

'Ik weet het nu wel.'

'Het is toch fijn dat ik het zeg? Mijn ouders zeiden nooit dat ze trots op me waren. Ze zeiden het één keer, toen ik werd beëdigd bij de marechaussee. Ik had gewild dat ze het vaker tegen me zeiden, dus ik zeg het tegen je als ik trots ben. En dat is nu.'

Het liefst wilde ik dat hij het bleef zeggen, hoe trots hij op me was. Ik wilde dat hij het bleef zeggen totdat zijn trots op mij zou overslaan, ik ook trots op mezelf kon zijn. Maar elk moment dat mijn ouders trots op me waren, voelde ook alsof de lat waar ik overheen moest springen wat hoger werd gelegd.

Mijn moeder was nog wakker. Ze zat rechtop in bed, een

iPad leunde op een kussen in haar schoot. Ze keek een serie. Een witte koptelefoon met blauwe oorkussens hield haar haren naar achteren. 'Ben je blij?' vroeg ze.

'Ja, hoor.'

'Je mag hartstikke trots op jezelf zijn. Hoeveel jongens zijn er geselecteerd?'

'Zestien spelers en twee keepers.'

'Dus je hoort al bij de beste zestien van Noord-Holland.'

'Volgens Rob wel, ja.'

'KUN JIJ AL klaarkomen?' vroeg Nick. We stonden bij een draaimolen in een pretpark. Ik was nooit eerder in een pretpark geweest, mijn ouders hielden er niet van. Het was ordinair, een tikkeltje tokkie, een suikerspin etende menigte die zichzelf niet kon vermaken en dus in ronddraaiende of schuddende installaties ging zitten. Wie wilde daar nou voor betalen? Aan alles kon je merken dat ze het stom vonden, en dus vond ik het ook niets. Precies zoals we thuis geen vis aten. Mijn ouders hielden er niet van, we aten het nooit, ik leerde het nooit eten. Ik was in geen enkele achtbaan gestapt, bleef bij de ingang van een wachtrij kijken naar andere jongens die de longen uit hun lijf schreeuwden, terwijl het karretje door kurkentrekkers reed.

Jordan was jarig en had zijn beste vrienden uitgenodigd. Nick, Sean – de volleyballer met wie Jordan en ik in de klas zaten – en andere hockeyvrienden waren mee. Ik zag er al een paar dagen tegen op, had die ochtend nog een schietgebedje gedaan om het feestje dragelijk te maken.

De draaimolen kwam tot stilstand, de kermismuziek speelde door.

'Ik kan klaarkomen,' zei ik.

'Dat gevoel, jongen, zo lekker. Spuit je veel?'

Ik kon nog niet klaarkomen. Tenminste, ik kon wel klaarkomen, dacht ik, maar veel kwam er niet uit. Een doorzichtig vocht, kleurloos. Ik merkte wel dat mijn lichaam er alles aan deed het te kunnen, dat er meer in het vat zat. Ik knikte.

'Kijk je naar porno?' vroeg hij.

'Ja, natuurlijk. Jij?'

'Elke dag, soms wel een paar keer per dag.'

Ik had nog nooit naar porno gekeken. Als ik mijn ogen sloot fantaseerde ik over de jongens in de klas die hun broek net onder hun kont droegen, of over het douchen na de wedstrijd. Mijn verbeeldingsvermogen hoefde nauwelijks te worden aangesproken. Ogen dicht en de rest ging vanzelf. Nick had de porno nodig om te zien waar hij naar verlangde, ik hoefde alleen maar onder de douche te stappen met mijn team.

'Zullen we een keer samen kijken?'

'Wat?' vroeg ik.

'Porno? Dan kom ik bij jou of jij bij mij logeren en trekken we samen af.'

De draaimolen herstartte, de kunstpaarden en koetsen bewogen op en neer. Ze leken van stal te willen, de weide in. Maar de attractie was meedogenloos en draaide net zo lang tot de mensen duizelig werden en liever afstapten dan bleven wentelen.

'Oké,' zei ik.

'Volgend weekend, kan je dan?'

'Dat moet wel lukken.'

'Ga ik na de wedstrijd met je mee naar huis.'

Nick lag naast me op een opklapbed. We hadden het er niet meer over gehad sinds hij bij de draaimolen vroeg of ik al klaar kon komen. Hij scrolde op zijn iPhone. 'Op welke website kijk jij meestal?' zei hij.

'Dat wisselt, gewoon wat ik tegenkom.'

'Ja, ja, ik ook.'

Het viel stil, alleen de airco op de achtergrond zoemde. Er kwam een roffel uit zijn speaker.

'Shit.' Vlug drukte hij op de onderste van twee knoppen, het geluid doofde. Het was ver na middernacht. Het enige licht dat onder het gordijn doorkwam was dat van straatlantaarns. We hadden dit moment uitgesteld. We wilden het allebei, die sfeer hing in de kamer. Ik zag de bolling van het dekbed op de plek waar ik die verwachtte, bij mij hetzelfde. Hij draaide op zijn zij, opwinding in zijn ogen. We wisten dat er nu wat moest gebeuren.

Ik deed even alsof ik sliep, maar zo makkelijk kwam ik er niet van af.

'Kep, vind je dit geil?' Hij trok aan mijn lakens, ik deed of ik weer wakker schrok. Ik zag een vrouw met enorme borsten op een pik met dikke aders zitten.

'Dit niet,' zei ik.

Nick zocht verder en vond een filmpje waarvan vooral hij opgewonden raakte. Hij gromde, bromde zelfs bijna, met soms een hoge kreun tussendoor. Zijn mond hing open, zijn voeten wiebelden. Het licht van zijn telefoon scheen in zijn gezicht. Hij richtte het scherm op zichzelf, wat er zich precies in het filmpje afspeelde kon ik niet goed zien. Het maakte me ook niet uit. Ik keek naar hoe hij naast me lag, hoe zijn lichaam even kromtrok en weer ontspande. Hoe zijn ritme samenviel met het ketsende geluid uit de luidspreker van de telefoon. Ik hield me aan zijn ritme. Steeds als ik dacht dat hij kwam, hield hij in. Zijn hand vertraagde, zijn benen spanden zich aan, daarna ging het tempo weer omhoog. 'Laden', noemde hij dat. Alsof hij een kanon aan het voorbereiden was.

Ik hoorde een korte tik tegen het beddengoed, en daarna nog twee keer. Zijn kreun was dieper en lager dan voorheen, zijn voeten wiebelden en verstijfden daarna. Hij liet zijn hoofd in het kussen zakken.

'Ben je gekomen?'

'Ja,' fluisterde ik, 'ik was even mijn handen.' Ik trok mijn boxer omhoog, stapte over Nick heen en liep naar de wastafel in de hoek van mijn kamer. Ik drukte een paar keer op het pompje, maar er kwam niets uit. 'De zeep is op.'

Hij draaide de pomp van de fles, veegde een klodder op zijn handpalm, waste zijn handen grondig. Er spetterden druppels op de vloer. Ik kroop ondertussen onder de lakens, hij plofte een paar tellen later op het opklapbed. Ik werd weer wakker toen hij een uur later aan mijn kussen trok.

'Volgende ronde.'

HET WAS VRIJDAGMIDDAG, een dag later zou de districtsontmoetingsdag plaatsvinden. Na een korte training verzamelden we in het clubhuis van Hurley.

'Mannen, morgen een belangrijke dag,' zei Rob. Hij liet een stilte vallen. 'Of niet soms, Noah?'

'Jawel, maar ik maak me niet druk.'

'Dat is mooi. Wie van jullie is gespannen? Steek je hand even op.'

Er gingen geen handen de lucht in. Aan de strakke gezichtsuitdrukkingen in het clubhuis te zien loog de meerderheid. Door toe te geven aan de angst, zou er tegelijk ruimte voor ontstaan. Het was niet de bedoeling dat er energie werd verspild aan randzaken. Alleen het hoofddoel telde: morgen met een uitnodiging voor Oranje het terrein afwandelen. Hoe dat gebeurde, deed er niet toe, als het maar gebeurde.

Ik was ontspannen, ik zou toch niet worden uitgekozen door de bondscoach. Er waren jongens veel beter dan ik, technisch begaafder, mentaal sterker. Jongens als Noah en David. Na morgen zou het voor mij eindelijk over zijn. Dan zou ik alleen nog voor mijn club uitkomen. Presteren in een team van individuen was niet aan mij besteed, dat zag toch iedereen. Ik was een teamspeler, iemand die alleen kon floreren door samen te werken en zonder bal beter was dan met.

De andere spelers konden met een bal allemaal meer dan ik.

'Voelen jullie druk om morgen te presteren? Handen omhoog.'

'Ja, dat wel,' zei David. Hij stak geen vinger op, hij begon altijd gewoon met praten. Ik zou willen dat ik dat durfde.

'Wat voel je dan precies?'

'Ik wil het gewoon goed doen, spelen zoals ik wil, laten zien aan de bondscoach dat ik in Oranje thuishoor.'

'En hoe ga je dat doen dan, morgen?'

'Gewoon.'

'Wat, gewoon?'

'Ja, gewoon, hockeyen zoals altijd.'

'Goed, het komt vast goed, David, maak je niet te druk. En jij, Pepijn, hoe ga jij morgen spelen?'

'Ik weet het niet zo goed.'

Naast me zat Freek, een medespeler met een kaalgeschoren kop. 'Al dat geneuzel, jullie moeten allemaal niet zo zaniken,' zei hij. 'Morgen is een van de belangrijkste dagen uit je sportcarrière: de bondscoach komt kijken. We moeten zo goed spelen als we kunnen, dat zijn we onszelf verplicht. We moeten aan de bondscoach kunnen laten zien dat ons team het beste team is. En we willen toch allemaal in Oranje spelen, later? Daarom zitten we toch hier? We gaan morgen de ballen uit onze broek rennen en laten zien dat we in Oranje horen. Dat is wat we morgen gaan doen.'

'Nou, lijkt me duidelijk,' zei Rob. 'Ik zie jullie morgen om acht uur hier bij de toegangspoort. Dan spelen we twee wedstrijden, tegen het Zuid-Hollands en het Noord-Nederlands. De eerste om halftien, de andere om drie uur. Zorg dat je vanavond veel water drinkt, vroeg slaapt en morgenochtend goed ontbijt. Voor de eerste wedstrijd is er namelijk geen eten geregeld. Zijn er vragen? Nee? Goed, dan zie ik jullie morgen, mannen.'

Rob noemde ons 'mannen', terwijl we nog jongens waren. Jongens hoorden fouten te maken en daarvan te leren. Wij mochten geen kind zijn. Wij werden afgerekend op onze fouten. Morgen een slechte ontmoetingsdag betekende einde topsportcarrière. We waren pas veertien.

Ik was niet gespannen, tot Freek zijn monoloog afstak en Rob zijn verhaal bevestigde. Voordat ik bij mijn vader in de auto stapte, vulde ik nog mijn bidon. Veel drinken, had Rob gezegd.

'Hoe was de training?'

'Ja, wel prima, denk ik. Daarna hebben we nog gepraat over morgen.'

'Wat viel er te bespreken dan? De tactiek of zo?'

'Nee, over of we gespannen waren.'

'Gespannen voor?'

'Voor morgen. We kunnen blijkbaar geselecteerd worden voor Oranje.'

'Wist je dat al?'

'Ja, maar ik maak toch geen kans, pap. Kijk naar David, Freek en Noah.'

'Je weet nooit wat de bondscoach zoekt, Pep. Misschien zoekt hij wel verdedigers en jongens die in het teambelang spelen, zoals jij. En ik vind trouwens helemaal niet dat je onderdoet voor die jongens. Je bent gewoon een ander type speler: minder show, meer degelijk. In Oranje spelen ook weinig van die showpony's, hockey is geen circus, hè?'

'Pap, ik ben je zoon. Je ziet misschien niet dat ik minder goed ben dan die gasten, maar dat is wel zo. Of misschien wil je het niet zien. Maar ik ben gewoon niet wat ze zoeken, geloof me nou maar. Ik val niet genoeg op, doe niets bij de strafcorner, scoor geen goals.'

'We zullen zien.'

'Ja, we zullen zien. Verwacht nou maar niets. Ik ben onzichtbaar op dat veld, pap. Alleen jij en mama zien me, maar dat heeft niets te maken met de wedstrijd die ik speel. Zelfs al zit ik de hele wedstrijd op de bank, dan nog zien jullie wel iets wat ik goed heb gedaan, dat ik goed uit m'n bidon heb gedronken, of goed stil heb gezeten. Ik ben niet goed genoeg, pap. Dat ziet zelfs een blinde bondscoach.'

'We zullen zien.'

Ik was een buikslaper, maar die avond niet. Ik staarde naar de glow-in-the-darksterren op mijn plafond. Ik had ze lang geleden opgeplakt, nog ver voordat ik begon met hockeyen. Ze waren sindsdien elke keer meeverhuisd. Het was mijn groenverlichte mini-universum waar niemand anders iets te zeggen had. De Buzz Lightyear-pop op de radiator gaf ook fluorescerend licht. Hij stond naast zijn zittende vriend Woody. Woody was bij een van de verhuizingen zijn cowboyhoed verloren, Buzz zijn vleugels. Op naar de sterren en daar voorbij, zei Buzz in de film *Toy Story*, waarna hij een onbesuisde duikvlucht maakte door een slaapkamer. Het geluk bracht hem weer op zijn voeten terecht – Buzz tartte het lot en vertrouwde erop dat het goed kwam. Morgen moest ik wat meer als Buzz zijn, dacht ik. Dan kwam het misschien goed, wat dat ook mocht betekenen.

MIJN WEKKER GING vroeg, maar ik was vlak daarvoor al wakker. Roodoranje licht scheen onder mijn rolgordijn door. Mijn hockeykleren lagen klaar in de woonkeuken, dat had mijn vader al gedaan. Hij was eerder wakker geworden dan ik. Twee paar kousen, twee broekjes, twee paar sportschoenen, twee bananen, twee plastic zakjes met krentenbollen – uitgestald als de bepakking voor een militaire missie.

'Heb je goed geslapen, Pep?'

'Gaat wel. Jij?'

'Jawel, hoor.' Hij had wallen onder zijn ogen. 'Wat wil je ontbijten?'

'Hetzelfde als altijd, yoghurt met muesli en een banaan.'

Ik had moeite met eten, zo vroeg op de ochtend. Mijn hoofd was wakker, maar mijn lichaam sliep nog. Ik roerde door mijn yoghurt met bananenschijfjes, nam een kleine hap, roerde opnieuw, nam een slok thee en slikte met moeite. De bananensmaak bleef hangen – overrijp, en daardoor bijna smeuïg. 'Hoe laat moeten we weg?'

'Nou, toch zeker over een klein halfuur.'

Ik liet mijn yoghurt staan en stopte mijn spullen in de hockeytas.

'Eet je de rest niet op?'

'Misschien zo.'

Scheenbeschermers, check. Bitje, check. Stick, check. Daarna sloeg ik een kruisje. Boven, onder, links, rechts. Hetzelfde ritueel als altijd, maar nu herhaalde ik het drie keer. Drie was mijn geluksgetal. Geluk had ik vandaag nodig, zoals Buzz bij zijn landing. Ik droeg mijn geluksonderbroek onder mijn slidingbroekje en stopte een rolletje druivensuiker in mijn trainingsbroek. Voor elke wedstrijd twee tabletjes. Het was de kunst niet te kauwen, maar ze te laten smelten op je tong. Anders zouden ze niet werken, zei mijn vader. Ik geloofde dat.

Hij reed ons naar het Amsterdamse Bos, onderweg gingen lantaarnpalen aan weerszijden van de weg uit. John Mayer was op de radio. Zijn single 'Who Says' leek elke minuut van de dag wel op een radiostation te horen. *Who says I can't be free from all of the things that I used to be. Rewrite my history. Who says I can't be free*, mompelde ik met hem mee. Ik hoopte dat mijn vader het opmerkte, dat ik alleen dat deel van de tekst mompelde en de rest liet voor wat het was. Misschien dat ik het hem zo duidelijk kon maken dat ik verlangde naar vrijheid en andere dingen dan hockey. Naar een jointje roken met vrienden in het park, zoals John Mayer in andere zinnen zingt.

De auto stopte, we stapten allebei uit, mijn vader opende de kofferbak, gaf me mijn hockeytas aan en drukte een kus op mijn wang. 'Succes zo, je kunt het. En probeer er ook een beetje van te genieten.'

'Bedankt, pap, ik zal het proberen.'

Daarna stapte hij weer in de auto, toeterde twee keer en gaf gas. Hij ging mijn moeder en zusje ophalen. Ze zouden straks met z'n drieën komen kijken. Ik liep alleen door het witte hek naar het clubhuis. Buiten stonden coaches van meerdere districten bij elkaar. De sigarettenrook kringelde tussen hen omhoog. 'Morgen,' zei een van hen.

Ik knikte terug.

Het was makkelijk om onze kleedkamer te vinden – achter een van de deuren hoorde ik The Opposites. Kon niet missen. Ik deed de deur open, Noah sprong in zijn boxer op en neer. Die moest nog minder hebben geslapen dan ik, zo wakker als hij leek.

'Kan die teringherrie uit?' vroeg Freek.

'Nee,' zei Noah. Hij stak zijn armen in de lucht.

'Het is fucking acht uur in de ochtend.'

'Dus?'

'Gozer, het is fucking vroeg, doe het in elk geval zachter.'

Freek wreef in zijn ogen. Hij had wel geslapen.

'Wie stemt ervoor dat de muziek zachter gaat? Niemand? Freek, die muziek blijft aan.'

Freek trok de stekker uit het stopcontact.

'Gozer.'

'Ja, wat *gozer*? Straks mag die muziek weer aan, maar nu even niet. Ik slaap nog half.'

Noah stopte de stekker in het stopcontact, verbond de box weer met zijn telefoon en speelde het nummer verder af op een lager volume.

Rob kwam binnen. Zijn grijze haar stak onder zijn donkerblauwe pet vandaan. Op zijn voorhoofd stond een leeuw, net zoals op zijn windjack. Achter hem stond fysiotherapeut en looptrainer Dirk. 'Jongens, we gaan over tien minuutjes beginnen met de voorbespreking. Ik hang een briefje op de deur met jullie rugnummers. Bewaar het shirt goed, dat is jouw verantwoordelijkheid. Ben je het aan het eind van de dag kwijt, dan heb je een probleem.'

'En dat is?' vroeg Freek.

'Dat zie je dan wel. Zorg nou maar dat je het niet kwijtraakt. Vragen? Nee? Mooi. Dan zie ik jullie met een paar minuten.'

Vanaf dat moment gaan mijn herinneringen aan die dag grotendeels op zwart, alsof de band vol was en niemand doorhad dat die verwisseld moest worden. Op een oude foto zie ik mezelf in ochtendlicht over het veld van het Wagener Stadion dribbelen – rechtervoet in de lucht, linkerhand los van mijn stick. Ik kijk streng, mijn haar zit futloos, uit mijn mond hangt een blauwe gebitsbeschermer. De foto is korrelig en onscherp. Mijn vader moet hem hebben gemaakt vanaf de tribune, digitaal ingezoomd en daardoor schokkerig bewogen. Het trillen van zijn zenuwachtige handen is in de foto gevangen.

Ik zie een onzekere jongen. Een jongen die daar niet wilde zijn, maar die daar moest zijn en iedereen een gunst wilde bewijzen. Over mijn voorhoofd loopt de ader die je alleen ziet als ik gespannen ben, als het erom gaat. Achter me prijken vijf olympische ringen op een reclamebord. Ik draag een thermoshirt met lange mouwen, het is eind april. Ik moet het koud hebben gehad van de spanning.

Dat ik me van die dag vrijwel niets herinner, moet een overlevingsmechanisme zijn geweest. Het thermoshirt hield mijn huid warm, ik spaarde energie die zo hard nodig was om bij zinnen te blijven, niet te bezwijken onder de druk. Ik moet hebben gehockeyd op de automatische piloot, op instinct. Het lijkt of al mijn organen die dag waren uitgeschakeld, behalve die, die essentieel waren: mijn sportbrein, in zijn puurste vorm. Een deel dat ik niet kende, een deel dat pas leek te ontwaken als het ertoe deed, als de verdikte ader over mijn voorhoofd liep.

Mijn herinneringen beginnen pas weer bij een andere foto. De selectie van het Noord-Hollands staat naast een Volvo, hoofdsponsor van de hockeybond en de ontmoetingsdag. Ik sta op de achterste rij aan het uiteinde, en draag een bronzen medaille aan een wit met blauw lint om mijn nek.

Ik lach, maar kijk niet gelukkig. Freek staat op het midden van de foto, hij steekt zijn hand in de lucht, van blijdschap, zo lijkt het.

Het is de laatste foto van mij in het tenue van het Noord-Hollands. Vlak daarvoor waren we bijeengeroepen, aan de voorkant van het clubhuis van Hurley. We zaten op houten banken zonder rugleuning, in een U-vorm, onze ouders stonden eromheen.

'De bondscoach heeft zijn keuze gemaakt,' zei Rob. 'Als je je naam hoort, word je in juni verwacht bij de selectietrainingen voor Oranje onder zestien jaar.'

Ik keek naar mijn vader, zijn ogen waren op Rob gericht. Mijn moeder en zusje stonden naast hem. Ze hielden elkaars handen vast. Daarna keek ik naar de grond. Alsjeblieft, kies me niet, dan hoef ik niet meer. Alsjeblieft, kies me, wat zullen m'n ouders trots zijn. Kies me, kies me niet. Kies me niet, kies me.

'Pepijn Keppel, gefeliciteerd.'

Mijn vader keek naar mij, hij balde zijn vuist. Ik klapte in mijn handen, zoals na het opnoemen van elke naam. Wat nu? De haren uit mijn hoofd trekken van blijdschap of verdriet? Ik ging naar Oranje, afslaan was nu geen optie meer. Ik zat op de snelweg en reed te hard. Ik zou nu ook gaan, en mijn best doen, sprak ik mezelf toe. Ik zou selectie doen en die halen.

Ik keek naar mijn vader, hij keek naar mij. Wij zouden dit gaan doen, hij en ik. Een tandem.

Ik weet niet hoe sterven voelt, maar die dag stierf er wat. Achteraf bezien moet dat de jongen zijn geweest die altijd een beetje kind wilde blijven. Ik voelde hem uit me glippen, als de schaduw die Peter Pan kwijtraakte tijdens een tocht naar een land dat hij niet kende.

Die avond lag ik op mijn buik in bed. Het groene licht van

de nepsterren viel op de kaft van een kinderboek. Ik duwde het onder mijn bed, draaide me daarna om naar mijn sterrenhemel. Ik had dorst, dronk uit de kraan bij mijn wastafel. Ik keek naar Buzz en Woody, ook hen propte ik onder mijn bed. De sterren liet ik nog even hangen – ik had een trapje nodig om ze van het plafond te pulken. Nog een nachtje onder mijn hemel, daarna begon een ander leven. Een klein sportleven.

EEN PAAR WEKEN later viel er een brief op de deurmat in afwijkend formaat, een oranje leeuw in de bovenhoek. De uitnodiging. Ik durfde hem zelf niet van de mat te pakken, laat staan open te maken.

'Pep, er is een brief voor je,' zei mijn vader, de envelop in zijn linkerhand. Hij had zijn grijze pak nog aan, oude, bruinsuède schoenen eronder. Hij kwam net uit zijn werk. Normaal liep hij meteen door naar boven om zijn nette kleren om te wisselen voor een joggingbroek en sweatshirt. Maar nu stond hij in de deuropening, met zijn das nonchalant om zijn nek. 'Had je 'm niet zien liggen toen je thuiskwam?'

'Nee.'

Ik lag op de bank, hij wierp de brief op mijn borst. 'Nou, maak open.'

Ik rolde op mijn zij, duwde mezelf overeind en stond op.

'Wat ga je doen?'

'Even de briefopener pakken.'

In een vierkante aluminium bak op het aanrecht, tussen de pollepels, lag een zilveren opener met houten handvat. Hij was nog van mijn overgrootvader geweest. Ik was de enige die hem gebruikte. Ik hield van het geluid, de manier waarop het papier ritste langs de vouw, de opening zacht leek maar toch verraderlijk scherp was. Ik stak het zilveren lemmet net boven de plakrand die een paar dagen eerder door iemand van de hockeybond moest zijn dichtgelikt en scheurde het papier met een polsbeweging open.

'Wat staat er?'

'Wacht even. Over twee weken is de eerste selectietraining.' Ik voelde mijn hart bonzen in m'n hals. 'En er vallen meteen jongens af.'

'Waar? Welke dag?'

'Maandag, in Zeist.'

'Dan moet ik even vrij nemen.'

'Nee, joh, pap, dat hoeft niet.'

'Jawel, hoe kom je er anders?'

'Dat zien we dan wel.'

'Nee, ik neem vrij.'

'Pap, dat is echt niet nodig.'

'We hebben het er nog wel over.'

Ik legde de brief op tafel, mijn vader pakte hem op en las wat hij al wist.

Hij had vrij genomen zonder het me te vertellen. Mijn moeder had me die ochtend ziek gemeld voor school – dat zou zorgen voor te veel afleiding, zo was haar idee. Ik werd wakker met het gevoel alsof ik niet had geslapen. Ik ontbeet, dronk donkere zwarte thee en een glas jus d'orange. Tot dan toe was het een dag zoals elke andere doordeweekse dag. Maar er was spanning in huis, een soort die ik nog niet kende. Het zat hem niet in de vragen van mijn ouders, die had ik verwacht. Tuurlijk was ik zenuwachtig, zei ik. 'Het zou gek zijn als ik dat niet was, toch?'

Dat was zo, zeiden mijn ouders.

Mijn vader reed ons naar Schaerweijde, een club in Zeist. We draaiden een plaat van Jack Johnson. Ik sloot mijn ogen en dacht aan palmbomen, de zee, zeilen, duiken. Mijn vader dacht vooral aan het moment dat hij tijdens een vakantie in Frankrijk uit een boom viel bij een restaurant. Het eerste nummer van het album, 'Traffic in the Sky', speelde toen zijn vingers zijn gewicht niet meer konden dragen. Vlak voor het refrein kwam hij met een doffe bonk op zijn heup terecht. Niemand wist precies waarom hij in die boom was geklommen, ook mijn vader niet.

We kwamen aan op de club, ik meldde me aan bij de bondscoach, die zette een kruisje en gaf me een hesje met rugnummer – weinig anders dan bij het Noord-Hollands. Daarna volgde een korte kledinginspectie. In de uitnodiging had één simpele regel gestaan: geen clublogo's. Elk zichtbaar logo moest worden afgeplakt.

'Hoe dan?' vroeg een jongen die het kledingvoorschrift had gemist.

'Dat regel je zelf maar,' zei de bondscoach.

In de kleedkamer liepen jongens met witte sporttape op hun kleren. Er ontstonden groepjes, jongens uit hetzelfde districtsteam bij elkaar. Vooral bij mijn district waren er veel logo's afgeplakt.

'Freek, de brief niet goed gelezen?' vroeg de bondscoach op het veld.

'Jawel.'

'Nou, niet dus, je hebt toch je kleding getapet.'

'Maar ik heb de brief wel gelezen.'

'Niet goed. Daarin stond namelijk nadrukkelijk géén clubkleding. En wat heb jij aan?'

'Clubkleding.'

'Ja, dus heb je de brief goed gelezen?'

'Nee.'

'Mannen, het is belangrijk dat we eenheid uitstralen, ook al zijn we nu nog geen team. Dit is pas de voorselectie van Oranje. Maar, wel Oranje, en dus bestaan hier geen clubs.

Logo's of kleding die doet denken aan een club is daarom verboden. We zijn hier allemaal gelijk, of je nu uit Groningen of Limburg komt, uit Noord-Holland of Gelderland. Je club doet er hier niet toe. Alleen Oranje telt. Laat het een wijze les zijn. Volgende week wil ik hier geen enkele verwijzing naar je clubje zien, anders kun je vertrekken. Welkom bij het Nederlands elftal.'

Het werd voor Freek de eerste en laatste trainingsdag bij Oranje. Er vielen maar een paar anderen af. Allemaal met een afgeplakt clublogo, dat hadden ze gemeen. Ik kwam de dag ongeschonden door, net als Dennis, doelman van Hurley en het Noord-Hollands. We reden met onze eigen vaders naar huis, maar de volgende keer zouden we bij een van onze ouders verzamelen en samen naar Zeist rijden. Zolang we allebei bij de trainingsgroep hoorden was dat de enige mogelijkheid – onze vaders moesten ook nog werken.

Ik vond het moeilijk om niet bij mijn vader in de auto te zitten naar Zeist. Ik had het nodig om Jack Johnson te luisteren, mijn kuiten onderweg in te smeren met ibuprofenzalf en tijgerbalsem, onderweg anderhalve banaan en een knijpyoghurtje te eten. Het was een ritueel, het enige waar ik me aan vast kon houden. Het kon na elke training met Oranje plots afgelopen zijn. Dan werd je van iets niets. Van vedette tot loser in een dag, zonder aankondiging.

Elke maandag vocht ik tegen de demonen in mijn hoofd. Ik probeerde ze te verdringen, met alles wat ik kon bedenken. Ik nam pijnstillers om mijn kop rustiger te krijgen, pilletjes tegen de spanning en misselijkheid, ik dronk gele en witte sportdrank voor en na de training, at mueslirepen met extra eiwitten. Ik had twee paar schoenen mee: voor elke training nieuwe. Net zoals mijn sokken, compressiebroekjes, shirts, thermokleding. Allemaal om mijn kop rustig te krijgen, mijn lichaam op scherp. Het was een weegschaal, een balans, maar dan met omgekeerde werking. Druk in mijn kop betekende spanning op mijn kuiten. Spanning in mijn kuiten betekende druk op mijn kop. Ik had een afspraak met mezelf gemaakt: ik bedank niet voor Oranje, ik ga dit halen. Het voelde als dienstplicht, alsof ik was opgeroepen in landsbelang.

Mijn ouders deden eraan mee. Zolang ik kon presteren, deden zij alles om mij van dienst te kunnen zijn. Liters benzine gutsten bij het tankstation de auto in. Mijn vader kocht oranje wasknijpers, voor mijn hockeykleren die meegingen naar Zeist. Een knijper per sok, twee knijpers per shirt of broekje. Later kocht hij nog een doos in rood-wit-blauw, maar die moesten dan wel allemaal aan hetzelfde kledingstuk worden bevestigd. Het leven thuis veranderde in schema's, een blokkenspel waarin mijn blokken de hoogste prioriteit hadden. Elke zondag werden alle andere blokken om die van mij heen geplaatst, eerst die van mijn moeder, dan die van mijn vader, als laatste die van mijn zusje. Wat zij ervan vond, werd niet gevraagd. Ik moest goed hockeyen, daar moest alles voor wijken.

Een paar maanden later betaalde het blokkenspel en smeren met tijgerbalsem zich uit. Ik werd geselecteerd voor Oranje onder zestien jaar. Het was gelukt, een prestatie niet alleen van mij, maar van het hele gezin. We waren een topsportgezin. Ik deed wat in mijn schema stond, mijn ouders faciliteerden het, mijn zusje schikte zich erin. Er werd gemakshalve van uitgegaan dat iedereen akkoord was, iedereen hetzelfde wilde: ik, hun zoon en broer, in Oranje. En zo zou ik naar mijn eerste toernooi in Birmingham gaan.

NIEMAND WIST DAT ik er altijd tegen opzag. De buitenwereld moest denken en zien dat het goed was, geloven dat ik over een paar jaar op de Olympische Spelen een gouden medaille zou winnen. Op sociale media postte ik uitslagen van mijn wedstrijden en foto's met de spullen die ik kreeg van mijn persoonlijke sponsor. Ik richtte het professioneel in, stond lachend op foto's, werd mijn eigen goednieuws-persbureau. Succes trok succes aan, dat leerde ik toen al. Maakte je het winnende doelpunt, dan vond iedereen je een held. Speelde je de bal in eigen doel, dan was je de schlemiel. Er lag altijd gevaar op de loer. Concurrentie van aanstormend talent, sponsoren die elkaar onafgebroken overboden, of je als wissel op de bank terechtkwam. Je imago stond op het spel, elk moment van de dag.

's Avonds, voor het slapengaan, las ik zelfhulpboeken als *Sportgek: psychologie voor de sporter* van sportpsycholoog Edith Rozendaal en biografieën van gelauwerde ex-topsporters of -coaches. In *Sportgek* las ik over flow: de ervaring van het volmaakt in harmonie zijn met wat je op dat moment aan het doen bent. Maar, stond er als waarschuwing bij, 'de paradox is dat hoe harder je probeert het te bereiken, hoe minder goed het gaat'. Je moest dus eigenlijk nooit bezig zijn met flow, en tegelijkertijd dacht ik er daardoor vervolgens elk moment aan.

Ik wil begrijpen hoe dat zit, zei ik tegen mijn ouders, ik wil begrijpen hoe ik in flow kom. Een échte topsporter trainde namelijk niet alleen zijn lichaam, maar ook zijn geest. Als het hoofd niet wil, kan het lichaam dan wel presteren? Wie was er de baas, het hoofd of het lichaam? Als ik een voorsprong wilde hebben op mijn concurrenten, kon ik beter meteen in therapie.

Ik googelde op 'sportpsycholoog Amsterdam' en vond een praktijk in het Sport Medisch Centrum Amsterdam aan het Olympiaplein, op een paar minuten fietsen van school. Ik belde en vroeg om de eerst mogelijke afspraak. 'Het heeft haast,' zei ik tegen de receptioniste.

Een week later, op een woensdag, zat ik onder schooltijd tegenover Paul. Een man met een getrimde baard, een iets te strakke spijkerbroek en spierwitte tanden. Hij had wel wat weg van een Action Man. Hij zat voor een raam met lamellen. De kunstgrasvelden van voetbalclub Swift zag ik tussen de plastic strips door. Er speelden jongens van mijn school een partijtje. Ze gebruikten hun rugtassen als doelpalen en jassen als zijlijnen. Een jongen op zwarte Air Max-sneakers scoorde, trok zijn shirt over zijn hoofd en rende een rondje om het veld. Hij struikelde over een van de doelpalen.

'Wat doet een jongen van veertien bij de psycholoog?' vroeg Paul.

'Weet ik niet.' Ik wist het antwoord op die vraag donders goed, maar kon het niet formuleren.

'Waarom heb je die afspraak dan gemaakt? En met spoed, stond zelfs als notitie in mijn agenda.'

Ik zweeg.

'Goed, laten we bij het begin beginnen. Wat doe je precies voor sport?'

'Ik hockey.'

'Wat gaaf. Bij welke club?'

'Bij Hurley.'

'Dat is hier vlakbij, toch? In het Amsterdamse Bos?'

Ik knikte. 'En bij het Nederlands jeugdelftal.'

Zijn ogen werden groter. 'Trainen jullie daar ook met Oranje?'

'In het Bos? Nee, we trainen in Zeist.'

Hij haalde een rode Moleskine uit zijn handtas, trok het elastiek los en bladerde tot hij een lege pagina vond. 'Wat is je droom, Pepijn? Je doel?'

'Ik wil naar de Olympische Spelen.'

'Daar droomt elke sporter van. Wat maakt jouw droom anders dan die van alle anderen?'

'Ik wil er alles voor doen.'

'Alles?'

'Ja.'

'Zoals?'

'Ik ga vroeg naar bed, eet gezond, drink of blow niet, zit nu zelfs hier.'

'Zelfs hier. Zit je hier met tegenzin?'

'Nee, niet met tegenzin. Ik las in een boek dat je geest belangrijker is voor je prestatie dan het lichaam. En nu zit ik hier.'

Het viel even stil, hij krabbelde wat in zijn notitieboekje. 'Wil je wat drinken? Water, koffie, thee?'

'Water, lekker.'

'Zeker? Geen koffie of thee?'

'Nee, water is goed.'

Hij stond op, liep om het bureau heen, opende de deur achter mij en liet die op een kier. Ik kreeg door zijn vraag toch zin in thee. Koffie dronk ik niet, dat dreef vocht af. Ik zag al voor me hoe mijn kuitspieren zouden uitdrogen en langzaamaan steeds peziger zouden worden. Tot je mijn spieren direct onder mijn huid kon zien liggen, de vezels kon tellen, het deed denken aan een poot ibérico uit een Spaanse speciaalzaak.

Misschien zag Paul al dat ik hier om een andere reden zat. Een reden die ik hem nog niet kon vertellen. Wist ik wel waarom ik hier zo snel als kon een afspraak wilde maken? Waarschijnlijk zag hij het allemaal, had hij me door voordat ik was gaan zitten. Het was nu alleen nog zijn taak om het mij uit te laten vinden. Hij zou me alleen een zetje in de goede richting geven, en daarmee genoeg vaart om te kunnen vliegen.

Hij duwde de deur open met zijn elleboog. 'Hier is je water.' Het was zo'n negenhoekig Duralex-glas dat iedereen thuis wel in de servieskast heeft staan. Ik nam meteen een slok. Paul ging weer tegenover me zitten.

'Weet je het al?'

'Wat?'

'Waarom je hier bent?'

'Nee.'

'Of wil je het me niet vertellen?'

'Als ik zou weten waarom ik hier ben, had ik het gezegd.'

'Kijk, de Olympische Spelen halen is leuk. Het is het hoogst haalbare, de top. En om boven op de top te staan, moet je een berg beklimmen. Het pad is niet makkelijk, het slingert, gaat soms over een andere piek, dan weer door een dal. Heb je ooit bergbeklommen?'

'Ik ben nog nooit in de bergen geweest. Wij gaan bijna elk jaar in de zomer naar Curaçao.'

'Dat is toch heerlijk? Ik ben er ook wel eens geweest. Waar zitten jullie vaak?'

'Aan het Spaanse Water, aan de zuidkust. Ken je dat?'

'Ken ik niet. Ik ga naar van die resorts.'

'Welke?'

'Bij Mambo Beach, zegt je dat wat?'

'Ja, dat ken ik. Wij komen er soms om te kijken naar alle makamba's die daar worden bediend. Erg grappig. Dat is niet het echte Curaçao, weet je. Het echte Curaçao is arm, een derdewereldland. Daar krijg je in die resorts niets van mee.'

'Het raakt je blijkbaar. Dat mag. Maar wat zijn makamba's?'

'Nederlanders. Zo noemen de Curaçaoënaars ons.'

'Zoals we hier in Nederland worden uitgemaakt voor tatta. Wist je dat tatta komt van het Surinaamse woord *patatta*? Dat betekent aardappel.'

'Nee, dat wist ik niet.'

'Goed, terug naar de berg. Je bent dus nooit in de bergen geweest. Maar je kunt je er vast een voorstelling van maken. Je hebt een grote reisrugzak om je schouders en middel geknoopt, en staat voor de beklimming aan de voet van de rots. Je moet bijna recht omhoogkijken, en dan nog zie je de top niet. De top steekt door de wolken, zo hoog is de berg.'

'Ik begrijp niet zo goed waar je heen wil.'

'Rustig aan, laat me even vertellen. Je komt op weg naar de top een paar kampen tegen om even bij te komen en van het uitzicht te genieten. Meestal zijn het er een stuk of drie. Het eerste stuk van de berg is makkelijk. Daar loop je simpelweg naar boven. Het is hier en daar misschien al wat steiler, maar in principe kun je zonder training rustig naar het eerste kamp lopen. Dat is het basiskamp. Je hebt het nog niet moeilijk gehad en het uitzicht is indrukwekkend, zeker als je nooit eerder in de bergen bent geweest. Dan is het tijd om verder te gaan. De berg wordt steiler, de tocht gevaarlijker. Er is kans op lawines en andere onverwachte omstandigheden waar je op moet kunnen reageren. Na het tweede kamp worden de extremen nog heftiger. Het is geen gemakkelijke weg naar de top. Het is een lange, barre tocht. Het is afzien. En dat geldt voor de top bereiken van de sport, voor jou de Olympische Spelen, net zo. Begrijp je wat ik bedoel?'

'Ik denk het.'

'Goed, we hebben het de volgende keer wel weer over die berg. Wanneer wil je weer langskomen?'

'Volgende week?'

'Zelfde dag en tijd?'

Ik ritste mijn rugzak open en grabbelde naar mijn oranje schoolagenda. 'Ja, dan kan ik wel. Dan mis ik mijn les Nederlands, dat is alleen maar fijn. We doen er toch niets.'

IN EEN KAMERTJE naast de ingang van de school zat conciërge Kees op een rode bureaustoel. Een forse, kale man in een ruitjesoverhemd die een paar keer per dag opzichtig een peuk opstak. Hij nam een hijs, draaide een halve slag op zijn stoel en blies de rook uit het raam achter zich, richting de fietsenstalling, waar ouderejaars stonden te blowen. Hij had voor de zekerheid het rookalarm in zijn kamertje van het plafond getrokken, het stucwerk had daar losgelaten – een betongrijze plek die glom als zijn schedel.

Iedereen die na halfnegen binnenkwam moest zich bij hem melden voor een geel briefje en een aantekening in zijn dossier. Kees genoot ervan. Het was het moment om een band op te bouwen met de leerlingen, hen soms te matsen of juist streng toe te spreken. 'Kom nou gewoon op tijd, vijf minuten eerder van huis, het is jouw toekomst, niet die van mij,' zei hij dan. Er stond vaak een rij met dezelfde mensen, van zijn kantoortje door de voordeur naar buiten op de trap. Kees deed rustig aan, dit was het hoogtepunt van zijn dag. Zo miste je soms een kwartier van je les, al was je maar een minuut te laat.

Ik stond steeds vaker in de rij. Niet dat ik te laat was, ik vertrok keurig op tijd van huis, daar letten mijn ouders wel op. Maar ik wachtte naast de fietsenrekken op Julia. Of ze les had, wist ik niet, onze roosters liepen uiteen maar meestal kwam ze net na halfnegen gehaast aangefietst. Haar kluisje zat schuin onder dat van mij. Ik zocht haar ogen in de middagpauze, als we onze boeken voor de vakken van de ochtend wisselden voor die van de middag. Groenblauw en amandelvormig, zoals die van mijn zusje. Ze hadden ook hetzelfde haar, donkerblonde krullen, tegen het bruine aan. Eigenlijk leken ze sprekend op elkaar. Julia was alleen wat langer.

Kees had alles door, hij begreep waarom ik een paar weken te laat kwam en daarna weer op tijd. Hij zei er niets van, knikte alleen maar als ik langsliep, maakte geen notitie. Hij moet me hebben zien staan op het scherm aan het plafond, met beveiligingsbeelden die elke paar seconden versprongen. De aula, de fietsenstalling, verschillende gangen. Kees zag alles.

Julia was een hockeymeisje dat niet kon hockeyen. Ze deed het vooral om te zeggen dat ze op hockey zat, of omdat haar ouders graag zeiden dat hun dochter hockeyde. Ze leek ongrijpbaar, of gewoon arrogant, toch trok ze mijn aandacht. Niet eerder leek iemand onbereikbaar of ongrijpbaar, tot Julia. Ik vond haar nummer op een telefooncirkel dat op een A4'tje tegen het raam van het mentorlokaal was geplakt, stuurde een sms'je maar kreeg niets terug. We bleven elkaar zien om boeken te wisselen, dat was onvermijdelijk, maar haar ogen vond ik niet meer. Soms kruisten ze elkaar, maar dan sloot ik ze nog voordat we een blik van betekenis konden wisselen. Julia wees me af.

Toen zat haar sleutel vast in mijn kluis. Het was per ongeluk gegaan. Ze was in de haast iets minder ver door haar knieën gezakt en had de sleutel met al haar gewicht zo diep in het gat gepropt dat die niet meer losliet. We stonden er samen zwijgend naar te kijken. Ik vroeg alleen of ze m'n berichtje ooit had ontvangen, maar toen ze antwoord wilde geven kwam Kees al aanlopen met een spuitbus WD-40.

Die avond stond ze bij mijn training langs de lijn. Ze trainde zelf een kwartier na ons. Ik had haar al een paar keer te laat zien komen, zoals op school. Dan parkeerde ze haar fiets, trok ze haar hockeytas uit de bak, en dribbelde ze langs ons veld naar dat van haar, veters ongestrikt. Wij waren dan vaak het materiaal nog aan het opruimen.

Deze avond was ze op tijd. Naast haar stond een vriendin, naar wie ze fluisterde met een hand voor haar mond. Ze lachten, lieten hun hoofd voorover tegen het hek vallen. Julia had een constante blos op haar wangen, haar krullen samengebonden in een knot, die ze onophoudelijk losmaakte, en weer vastdeed.

'Keppel, wie is dat?' zei Thijs op plagerige toon.

'Keppeltje, ben je aan het hosselen?' zei Nick.

'Wie is dat?' vroeg Rijk. 'Ik zou haar wel doen.'

'Ja, man, ik zou haar sowieso doen,' zei Karel. Hij balde zijn vuisten en stootte zijn heupen naar voren.

'Als je zo neukt, wil geen chick dat je haar doet, hoor,' zei Nick. Hij greep met z'n hand in zijn broek.

Ik schaamde me, voor mijn teamgenoten, voor Julia langs de kant. Ze was het onbereikbare meisje dat opeens bereikbaar wilde zijn, en nu wist ik niet meer of ík haar nog wel wilde. Het maakte me zenuwachtig, dat een meisje interesse had. Tot dan toe waren alleen dochters van vrienden van mijn ouders in katzwijm gevallen, gestuurd door snedige opmerkingen. 'Die Naomi, hè, is dat geen leuk meisje voor je?' vroeg mijn moeder dan tijdens het avondeten.

De volgende dag stak Julia haar sleutel in het juiste slot. Ze zocht mijn blik. Ik hoefde me niet te verstoppen, alleen wegkijken was genoeg, zoals een kind verstoppertje speelt – ik sloot mijn ogen en werd onzichtbaar.

Ze sms'te, ik antwoordde. Een paar dagen later was ze

voor een paar weken mijn vriendinnetje. Ik verbrak onze verkering in het trapgat om de hoek bij onze kluisjes, in de aula onder het groene bordje met nooduitgang. Het gebeurde allemaal in de weken dat 'American Boy' van Estelle en Kanye West de school rondging. Iemand downloadde het illegaal, en stuurde het naar klasgenoten, die het doorstuurden naar vrienden in andere klassen. Zo was het eerder gegaan met andere nummers, maar 'American Boy' was de eerste hit die iedereen mee kon zingen. *Would you be my love, my love? Could you be mine?* Ik schudde mijn hoofd na die zinnen, en draaide het nummer opnieuw. Nee, ik kon dat niet.

Ik weet niet precies waarom ik het uitmaakte. Julia was mijn eerste middelbareschoolverkering, vlinders voelde ik, of in elk geval een knoop in mijn maag die ik aanzag voor vlinders. Maar iets benauwde me. Alsof Julia haar hockeydijen om mijn nek had geworpen en me langzaam wurgde, steeds net voordat mijn zuurstof opraakte gaf ze wat toe. Misschien lag het inderdaad niet aan haar, maar aan mij, zoals ik tegen haar zei om het dragelijker te maken. Ze huilde en rende weg, de trap op.

OP HET SPINOZA waren sporters geen halfgoden, zoals de Grieken in hun verhalen. Ze werden eerder gezien als gegijzelden van een onhoudbaar regime. Een regime waaraan ik mezelf had onderworpen, als slaaf van een systeem. Ik moest me vier dagen per week melden op tijden die de trainer had bedacht, met in het weekend nog een wedstrijd. Ik moest gezond eten en in dezelfde kleding lopen als mijn teamgenoten, ik moest de geldschieters van de club een handje geven en doen alsof ik het naar mijn zin had. Ik moest. Mijn klasgenoten hoefden niets. Ze mochten toneel en viool leren spelen, als ze daar zin in hadden, kregen daar van school zelfs de ruimte voor. Ik niet. Ik mocht van mijn afdelingshoofd de les niet verlaten om te trainen. 'Geen uitzonderingen,' had ze gezegd toen ik me op haar school inschreef. Daar dachten mijn ouders anders over.

Op Kees' bureau stond naast de asbak een plastic organizer met blauwe absentiekaarten. Die moest je door je ouders laten ondertekenen in het geval je lesuren moest missen. Ik had een hele stapel kaarten in het voorvak van mijn rugtas. Minstens drie keer per week leverde ik bij Kees een blauwe kaart in, de ene keer kruiste ik het hokje voor tandarts aan, de andere keer fysiotherapeut of dokter, totale willekeur. Hij keek argwanend, fronste soms, maar stelde nooit een vraag. De hockeytas die ik in de ochtend bij hem stalde, verraadde genoeg.

Op maandagen, als ik moest trainen met het Nederlands team, moest ik halverwege het tweede lesuur alweer richting huis. Ik schoof mijn stoel naar achteren, de leraar vroeg wat ik ging doen, ik vertelde dat ik moest hockeyen. Vaak had ik geschiedenis van meneer Leenders, die dezelfde permanente rode konen had als Julia, en kort bruin haar dat met gel aan elkaar kleefde. Hij was in alles gematigd. Nooit te veel koffie, altijd keurig in polo, een docent met autoriteit, op vriendelijke en gemeende manier. Hij was er voor je, en liet je nooit vallen. Het hielp mee dat geschiedenis een van de weinige vakken was waar ik wel wat voor deed, de eerste drie jaar rondde ik af met een eindgemiddelde tussen de negen en tien. Ik hield van geschiedenis, van de jaartallen die een weg vonden in je hoofd en zich vervolgens vastklampten aan een hersencel. 1789, Franse Revolutie. 1568, Tachtigjarige Oorlog. De meeste scholieren vonden het onzinnig, het leren van jaartallen. Ik met hen, tot meneer Leenders ons vertelde dat elke gebeurtenis een gevolg heeft. Of elke gebeurtenis ook een oorzaak had bleef ongewis, want was dat dan niet ook een gevolg van iets anders?

Meneer Leenders knikte alleen maar als ik mijn stoel naar achter schoof. De klas las een hoofdstuk, meneer Leenders hield de stiltewacht. Ik stond op en liep naar de deur, mijn klasgenoten keken op van hun boek. Jaloers, zo leek het. Dat waren ze ook, vertelden ze me later. Ik mocht rondrennen op een hockeyveld, zij moesten een geschiedenisboek lezen, zo zagen ze het. Zijdelings schepte ik op over de trainingen en het toernooi in Birmingham waar ik naartoe zou gaan. Jurrien, een klasgenootje wier moeder ook op Curaçao was opgegroeid, kon het weinig schelen. Thijs daarentegen wel. Een rossige jongen in spijkerbroek die mijn teamgenoot was bij Hurley. Binnen een seizoen speelde ik op zijn positie, in het centrum van de verdediging. Bij hem vond ik publiek. Ik vond het heerlijk als hij en mijn andere klasgenootjes naar mijn sport vroegen – het was het enige moment waarop ik even begreep waarom ik het deed. Ik was op zoek naar erkenning, het gevoel dat wat ik deed bijzonder was, maar dat kreeg niemand over zijn lippen. Mijn borstklopperij zal daar ongetwijfeld mee te maken hebben gehad. Als niemand op je schouder klopt, moet je dat zelf maar doen, dacht ik.

Zodra ik de deur van het klaslokaal achter me dichttrok en door de gang naar Kees slenterde, begreep ik het al niet meer, dat ik mezelf groter maakte dan ik was. Mijn glimlach, mijn trots, bleef achter in de lokalen, gevangen tussen vier muren en een systeemplafond.

Ik hield even stil bij een pilaar en keek omhoog naar de imposante, vervlochten trappen. Het kon ook gewoon over zijn, dacht ik. Ik hoef alleen maar naar het Latijn-lokaal op de vierde etage te klimmen en mezelf over de reling te laten vallen. Soms fantaseerde ik erover: hoe zou het voelen om uit elkaar te spatten als een waterballon op de betegelde vloer? Hoelang zouden ze bezig zijn met schoonmaken? Hoe zou de uitvaart worden georganiseerd van iemand die niemand werkelijk heeft gekend?

Kees' hand hing uit het raam, een peuk tussen zijn vingers. Hij nam de blauwe kaart aan, gaf me mijn hockeytas, zei 'succes, jongen' en zwaaide voordat ik bij mijn vader in de auto stapte. Zo ging het elke maandag.

Tegen de tijd dat mijn tweede training begon, zaten mijn klasgenootjes in het Vondelpark te blowen. Ashley, Monique, Mirthe, Judith, Sophie – de meisjes. Stan, Lars, Bart – de jongens. Ze vroegen me de eerste weken nog mee, maar dat stopte toen ik telkens moest bedanken. 'Sorry, hockey,' zei ik, en ik sloeg mijn ogen neer. Ze waren het waarschijnlijk zat om afgewezen te worden, dat mijn sport altijd voorging, of misschien wilden ze me niet meer belasten. Het was niet dat ik ernaar verlangde om een jointje op te steken – ik was veel te bang voor een positieve dopingcontrole – het ging er meer om dat zij het konden doen, en ik niet. Dat mijn vrienden de vrijheid hadden.

Zo ging het steeds vaker. In het begin werd ik uitgenodigd voor verjaardagen en feestjes. Maar hoe vaker ik nee moest zeggen, hoe minder ik werd uitgenodigd. Tot het moment dat ik alleen nog maar hoorde dat er in het weekend een feestje had plaatsgevonden, ik degene was aan wie iedereen kon vertellen hoe fantastisch het was geweest. Verhalen uit een wereld die ik niet kende, een parallel universum. Over dronken valpartijen, kotsen na het blowen, huisfeestjes waar een kapstok van de muur werd getrokken. Ik raakte geïsoleerd, mijn hockeystick als enige vriend.

Mijn klasgenoten lieten zich meevoeren in het tempo van de dag. Ik was jaloers op hun doodgewone vrijheid, zij op mijn exclusieve topsportleven dat bestond uit schema's en planningen. Mijn leven werd ingevuld, als een kleurplaat. De grenzen duidelijk afgebakend door dikke zwarte lijnen.

VANUIT DE KELDER van de school gonsde 'Comptine d'un autre été, l'après-midi' uit de film *Amélie*. De tonen weerklonken door het hele gebouw, tot op de vierde etage bij Latijn. Het nummer van Yann Tiersen was onderdeel van ieders repertoire. Ik kende het uit mijn hoofd, net zoals de eerste 'Gnossiennes' van Satie en een paar liedjes van Coldplay. Ik had een beetje piano leren spelen toen ik nog op de amateurclub hockeyde. Bij mijn grootouders stond een witte babyvleugel waar ik altijd dezelfde liedjes op speelde. Het begon met de 'Vlooienmars', maar toen dat iedereen ging vervelen, mezelf incluis, werd gepoogd me naar pianoles te lokken. Eerst wilde ik niet, maar een paar weken later zat ik op een woensdagmiddag naast mijn moeder in de auto richting pianoleraar Gerard.

Gerard droeg geblokte overhemden, strakker gestreken dan die van mijn vader, en een beige broek waar hij zijn overhemd inpropte. Hij woonde in een huis aan de rand van Badhoevedorp, een kleine tien minuten rijden. Een bungalow die bestond uit verschillende delen, die met elkaar werden verbonden door smalle overdekte gangen van glas. Gerard had twee piano's, een zwarte hoogglans vleugel en een gewone piano die van zijn moeder was geweest. In een ander deel van het huis was een kamer ingericht voor Egyptische kunst. Papyrusrollen, maskers, grafcadeaus.

‘Handen op je knieën,’ zei Gerard.

Ik deed wat hij zei.

‘Til nu je handen op en houd die bolling in je handpalmen. Zet nu je vingertoppen op de toetsen, en houd die bolling in stand, hè? Die bolling is belangrijk. Zo ja. Ja, mooi. En nu nog rechtop zitten, let op je handen, die staan prachtig. Nou, zo zit je goed. Dit is de klassieke pianohouding.’

Ik had weinig moeite met bladmuziek, maar het ging me te traag. Ik kon ‘Für Elise’ al uit mijn hoofd spelen, waarom zou ik dan nog noten leren lezen en toonladders bestuderen? Ik wilde spelen, muziek maken, maar niet in het systeem van streepjes en opengewerkte bolletjes.

Aan het eind van elke les speelden we quatre-mains, waarbij ik de melodie voor mijn rekening nam en Gerard zich kon uitsloven voor mijn moeder. Hij vroeg haar na een paar lessen mee naar Egypte, wilde haar de piramides laten zien, het was zonde dat ze daar nooit was geweest. Hij kende bovendien de directeur van het Egyptisch Museum – ‘een goede vriend’ – die vast wel een bijzondere rondleiding kon verzorgen. Gerard gaf me op de dag dat hij het mijn moeder vroeg een ingelijste papyrustekening van de reis naar het Dodenrijk. Het werd mijn laatste pianoles. ‘Wat denkt hij wel niet,’ zei mijn moeder toen we in de auto terug zaten.

Tegen de tijd dat ik op school weer in aanraking kwam met muziek, had ik mezelf inmiddels wat liedjes geleerd op de vooroorlogse piano die mijn ouders kochten toen ik met de lessen bij Gerard begon. De papyrusrol was op zolder beland, de liedjes in mijn bovenkamer waren verstoft. Tot ik mijn handen op mijn knieën legde en vervolgens met mijn vingertoppen over de toetsen streek. In de pauzes probeerde ik een van de studiootjes in de kelder te bemachtigen om te oefenen, zoals iedereen die een beetje geluid uit een instrument kon persen. Er stonden rijen, op den duur werd het zelfs verplicht om je in te schrijven.

Het was cool om muziek te maken en mee te doen aan de toneel- of musicalvoorstellingen in de aula, in het hart van het schoolgebouw. Een paar weken voor de audities hingen op de deuren al posters. Niet zozeer om leerlingen aan te sporen zich op te geven, er waren eerder te veel dan te weinig aanmeldingen, maar om iedereen erop te wijzen dat er een nieuwe voorstelling aan zou komen. De audities vielen op maandag, in de namiddag, als ik op het veld stond. Een paar maanden later werd het stuk opgevoerd, meerdere keren per dag, de hele school kwam kijken. Ik probeerde niet in de zaal terecht te komen. Het zou te pijnlijk zijn. Tot ik er een keer niet onderuit kwam. Mijn mentor had kaartjes geregeld voor de hele klas. Ik had geen excuus, het was geen maandag.

Ik zat op een roodfluwelen theaterstoel, naast Ashley, mijn beste schoolvriendin die een paar straten van me vandaan woonde. Ze had haar wilde kroeskrullenbos zo strak over haar schedel gebonden dat de krul eruit was getrokken. Haar hoofd leek daardoor veel ronder, als een basketbal, met aan de achterkant een pofferige knot als de staart van een bange kat. We fietsten elke dag samen naar school. Zij op haar beach cruiser, ik op mijn moeders fiets met kinderzitje. Onderweg hadden we vaak ruzie, ze lachte me veel uit. Het was eerder een gezonde verstandhouding dan een warme relatie. Als ik een minuut te laat was, reed ze al richting school en moest ik ellendig hard trappen om haar halverwege nog in te halen. Andersom wachtte ik zo lang als nodig was.

Niemand begreep dat Ashley en ik vrienden werden, wij evenmin. We kwamen uit andere werelden. Ze was de dochter van een huisvrouw en een vader die een beveiligingsbedrijf runde. Alles wat ze wilde, werd geregeld. Kaartjes voor een uitverkocht concert, Abercrombie & Fitch-kleding, designertas – Ashley kreeg het. Regen? Moeder sprong in de auto om haar dochter droog over te brengen. Zon? Ashley kreeg een nieuwe zonnebril. Ze was een van de eersten met een smartphone, ik liep rond met een oude Sony Ericsson waar precies honderd liedjes op pasten. Vooral nummers van mijn vader, die hij erop had gezet toen het nog de telefoon van mijn moeder was. Bill Withers met 'Lovely Day', 'Sexual Healing' van Marvin Gaye, Lenny Kravitz met 'It Ain't Over 'til It's Over' en 'Midnight Train to Georgia' van Gladys Knight & The Pips. Zo werden zijn favorieten die van mij, en konden we soms, als mama niet thuis was en we de tafel afruimden, samen onze klassiekers fluiten. Mannen zongen niet, tenzij dat hun beroep was.

De lichten dimden, Ashleys enigszins uitpuilende ogen leken nog verder uit haar kassen te klimmen. De voorstelling ging langs me heen, mijn hoofd leek zich te hebben afgesloten voor alles wat op het toneel gebeurde. Soms waren er heldere momenten waarop tot me doordrong dat ik keek naar medeleerlingen en niet naar acteurs. Vooral als Sophie, een andere vriendin, voorbijkwam, maar dat was slechts een enkele keer. De rest van de voorstelling was omgeven door mist. Toen de lichten weer aangingen liep ik achter Ashley aan naar buiten.

'Moet je niet huilen?'

Toen pas zag ik haar ogen, dik en rood. Er zat meer mascara op haar wijsvinger en duim dan op haar wimpers.

'Nee, ik denk het niet.'

'Maar... en die vrouw, die vrouw die doodging, en zag je Mirthe?'

'Ik zag Mirthe, ja.'

'Nou, jeetje, wat een ongevoelige lul ben je ook.'

Ik moest lachen en knuffelde haar tot haar wimpers waren opgedroogd.

'Moet jij niet een keer meedoen?' vroeg ze toen.

'Ik was toch ongevoelig?'

'Ja, maar je kunt het wel, denk ik. En het lijkt je leuk, toch, waarom doe je het dan niet?'

'Hockey.'

'Altijd dat kuthockey.'

NA JULIA LEEK geen enkel meisje meer interessant, tot Loes. Ze had ook een blos op haar wangen. Haar neus was te groot voor haar gezicht, het puntje hing lager dan waar haar neusvleugels en haar wangen in elkaar overliepen, ter hoogte van haar bovenlip, als een stalactiet. We zaten al drie jaar bij elkaar in de klas, maar ze viel me pas op toen we tijdens muziekles *The Blues Brothers* keken. Eerst vanwege die exorbitante neus, daarna om de manier waarop ze naar de film keek; met grote ogen en openhangende mond, nooit verder dan een paar millimeter door de elastiekjes die tussen haar hoektanden waren gespannen. Haar kaak rustte in het rubber.

We keken de film in twee delen, een week na elkaar. Muziekdocent Hans – een man met grijs haar, een leesbril aan een koord om zijn nek, en vrijwel altijd gehuld in vervaald hawaïshirt – liet hem elk jaar aan de derdejaars zien. Aan het eind van het schooljaar zouden we een richting moeten kiezen, en er was nooit iemand die muziek in zijn vakkenpakket nam. *The Blues Brothers* was een slotoffensief van meester Hans, om ons ervan te overtuigen dat we een eigen koers konden varen. Hij had beter zeilinstructeur kunnen worden.

Niemand keek naar de film, behalve Loes. Ik stuurde haar die middag een berichtje. Dat was het begin van een continue berichtenstroom zonder inhoud, maar juist die berichten hadden betekenis. We vertelden elkaar wat we deden. Ze zong, stuurde ze, sinds het kijken van de film ook Aretha Franklin, en had een zusje met dezelfde pluizige, blonde krullen. Ik vertelde haar niet over hockey, dat wist ze heus al, en anders kon het haar vast en zeker niets schelen. Ik wilde niet dat iemand bezig was met mijn sport.

Ik stuurde Loes berichtjes tot mijn bundel op was, maar het werd nooit wat. Na een paar weken gaf ik haar een plagerig duwtje toen we onderweg naar het wiskundelokaal langs een grasveldje liepen. Ze raakte uit balans, zette een stap midden in een modderpoel en gleed erin uit. Ze kwam op haar rechterzij terecht, haar lichtblauwe spijkerbroek werd donkerbruin. Ik schaterde, zij huilde en ging ziek naar huis. Die middag moest ik nablijven bij mevrouw Leenders, de zus van meneer Leenders, mijn wiskundedocente.

Eigenlijk had ze er wel om kunnen lachen, maar niet in haar rol als docent. Ze was net als meneer Leenders – autoritair, op een lieflijke manier. Alleen benaderde meneer Leenders mij als vriend, mevrouw Leenders als een vreemde. Ze deed alsof ze me niet begreep, al zag ik dat ze dat wel deed. Maar door te doen alsof, leerde ze me naar mezelf te kijken als een ander. 'Waarom duwde je haar eigenlijk?' vroeg ze vlak voordat het uur nablijven voorbij was.

Ik haalde mijn schouders op. 'Ik duwde haar niet.'

'Ze viel vanzelf in de modder, wil je zeggen?'

'Ja.'

'Vind je dat geloofwaardig klinken?'

'Nee.'

'Dat is het ook niet.'

'Maar het is wel waar.'

'Pepijn, dat is het niet.'

Ik pakte mijn tas en verliet het lokaal. Mijn zadel had zich volgezogen met regenwater, als een spons, waar ik bovenop moest gaan zitten. Ik had geen regenkleding mee, niemand droeg regenkleding. Liever doorweekt op school dan met een regenbroek op de fiets. Het waren ongeschreven regels. We douchten niet na gym, wisselden alleen van onderbroek en spoten onszelf onder met deodorant die naar chocolade rook. Geen spray onder je armen – dat prikte – maar in je nek, als luchtje.

Op het Spinoza hadden we weinig gym, meer culturele vakken. Alsof sport en cultuur lijnrecht tegenover elkaar stonden, en meer sport zou leiden tot minder culturele ontwikkeling. Terwijl sport het leven was, in het klein. Dat zeiden mijn trainers althans. Dat sport ook snoeihard kon verdelen, lieten ze gemakshalve achterwege. Als er bij gym teams moesten worden gevormd, bleven de meisjes over. Eerst de jongens, dan de meisjes. Ik zag het allemaal gebeuren vanaf een antieke houten bank aan de zijkant van de gymzaal, met mijn rug tegen de koude bakstenen. Van de bondscoach mocht ik niet gymmen – de kans om geblesseerd te raken was te groot. Ik moest toekijken, en ondertussen de gymleraar te vriend proberen te houden. Meneer Reuvers vond het onzin. 'Altijd die verdomde trainers, denken altijd dat ze gelijk hebben,' zei hij, terwijl hij een wegwerpgebaar maakte en me de rug toekeerde. 'Ik wil wel meedoen,' zei ik nog, maar meneer Reuvers hoorde het al niet meer.

Ik stond tussen hem, mijn bondscoach en mijn klas in. Ik wilde wel gymmen, maar mocht niet. Ik wilde niet hockeyen, maar moest wel. Ik wilde wel vrienden maken, verliefd worden, maar kwam slechts zelden in de gelegenheid. Ik deed soms toch stiekem mee met gym, om meneer Reuvers tegemoet te komen, andere dagen deed ik alsof ik geblesseerd was, aan mijn enkel of knie, schouder of heup. Ik sleepte met mijn rechterbeen door de gangen, of hinkelde, hing mijn arm in een mitella. Meneer Reuvers leek erdoor getroost. Hij zag dat er wat mis was, dus moest er vast wat mis zijn.

Op dagen dat ik wel meedeed, was ik de laatste in de kleedkamer. Ik kwam er pas uit als meneer Reuvers zijn hoofd om de hoek van de deuropening stak om te vragen hoelang het nog ging duren. Sebas stond dan nog in zijn onderbroek, een ietwat stille klasgenoot met sproeten, blauwe ogen en de kwaliteit niet op te vallen. Sebas was wat traag, en leek zich van niemand wat aan te trekken. Soms zat hij stoned in de klas, een andere keer droeg hij een hele week dezelfde onderbroek. Het leek me heerlijk meer te zijn als Sebas.

Ik probeerde recht tegenover hem een plekje in de kleedkamer te krijgen, de plek met het beste zicht. Hij zat op roeien, dat had ik eens opgevangen. Zijn spieren waren lang en pezig, inderdaad zoals die van een beginnende roeier. Hij was iel, de pijpjes van zijn strakke boxer hingen losjes om zijn bovenbenen. Als hij ging zitten op de bankjes, keek ik zo onopvallend mogelijk. Het lukte nooit een glimp op te vangen, dat maakte ook niets uit, alleen het gevoel dat het zou kunnen gebeuren was genoeg aanleiding om te zorgen dat ik eerder omgekleed was dan hij.

Het was hetzelfde gevoel als wanneer ik naar Loes' decolleté keek, dat in de loop van de dag zichtbaar werd door het gewicht van haar borsten. Al leek het gevoel niet vergelijkbaar, of verenigbaar, als het verschil tussen zoet en zuur, peper en zout, geluk en verdriet. Het een leek niet te kunnen bestaan zonder het ander. Maar ik verlangde enkel naar Sebas.

NICK KWAM NOG wel logeren, maar we trokken ons niet meer samen af. Daarvoor had hij tegenwoordig een vriendinnetje. Onze vriendschap werd platonisch, maar elke avond als ik naar de glow-in-the-darksterren op mijn plafond staarde, dacht ik er nog aan. Alles wat op die avond was gebeurd, inmiddels een paar jaar terug, had zich met weerhaken in mijn hoofd vastgezet. Ik kon het oproepen wanneer ik wilde, elke avond, de plaat werd nooit grijs. Soms zocht ik naar porno op mijn laptop, maar dacht ik alleen aan die avond met Nick. Achter mijn oogleden zag ik hoe hij keek, hoe zijn hand ritmisch tegen de onderkant van de lakens tikte, zijn voeten schokten. Maar hoe langer die avond terug was, hoe vaker ik Nick in mijn hoofd verving door iemand anders. En hoe langer het geleden was, hoe meer ik verlangde naar nog zo'n ervaring.

Met Thijs, de rossige jongen uit mijn klas met wie ik ook in het team speelde, besprak ik een paar keer tussen de lessen door onze favoriete pornosterren. Niet dat ik die had – ik zocht vlak voordat we samen les hadden snel wat namen op – maar ik was vooral nieuwsgierig naar wat Thijs bekeek. Thuis tikte ik die namen in, het liet me koud. Alleen het idee dat hij er ook naar keek bracht wat teweeg.

Na hockey had ik mijn rugtas ingepakt, mijn moeder bracht me die namiddag naar de andere kant van de stad, naar hem. Zijn moeder maakte die avond pasta met zalm. Ik at met tegenzin – thuis aten wij geen vis.

Ik poetste mijn tanden na het eten, daarna keken we samen een film op een oude tv die in een rommelkamer op de grond stond. Er lagen kussens. We trokken ieder een deken van zijn stapelbed, waar hij normaliter met zijn broertje in sliep, en kropen eronder. Zijn broertje was op hockeykamp, dus ik kon die avond in zijn bed slapen. De film ging langs me heen, waarschijnlijk een geflopte blockbuster die voor een paar euro bij de drogist had gelegen. Onze gesprekken beklijfden niet. We wachtten tot zijn moeder, die in de woonkamer een andere film keek, het licht had uitgedaan. Het duurde tot diep in de nacht.

Tegen die tijd waren we slaperig, de geest gewillig, het vlees zwak. Hij probeerde zijn laptop aan te sluiten op de tv, maar het koppelstuk was kwijt. In de rommelkamer was geen internetverbinding. We vertrokken naar de slaapkamer. Het stapelbed stond voor het raam. Het witte licht van de straatlantaarns nam daardoor de kleur aan van het dekbed. De kamer was gehuld in warmrood, als een herfstige zonsondergang. Aan de rechterkant stond een bureau, Thijs legde zijn laptop neer en stak het snoer dat op de rand van het tafelblad balanceerde in het oplaadpunt. 'Ik ben best moe,' zei hij.

'Ik ook.'

'Wil je nog wat doen?'

'Als je daar de energie nog voor hebt?'

Hij klapte zijn laptop open. 'Waar kijk jij altijd?'

Ik had alleen gekeken op de site die Thijs had genoemd.

'Standaard,' zei hij, en hij trok daarbij zijn mondhoeken omhoog zonder dat zijn lippen van elkaar afkwamen. Nadat hij de eerste letters op zijn toetsenbord intypte, verscheen de website al in zijn zoekbalk. Het eerste filmpje was niets, het tweede matig, het derde niet lang genoeg. Na wat klikken liet hij een video lopen, iets meer dan tweeëntwintig minuten, zag ik in een hoek staan. Hij draaide het scherm richting de hoogslaper en beklom daarna het trapje in twee passen, bij elke stap sloeg hij drie spijltjes over. Ik liet mezelf op het bed onder hem zakken en hoorde Thijs zijn riem losmaken, de sluiting rammelde onrustig. Ik deed mijn broek en boxer uit, en schopte die naar het voeteneinde.

Ik kon Thijs niet zien, alleen horen. Het gehijg, het tikken tegen de deken, het gekraak van het hout. Ik keek niet naar het beeldscherm, alleen maar recht omhoog, naar de lattenbodem, en beeldde me in hoe hij daar lag. Met zijn benen wijd, of aangespannen naast elkaar? Trok hij zich af met links of rechts? En wat deed hij dan met de andere hand? Keek hij wel naar het scherm, en zo ja, waar lette hij dan op? Of was hij verzonken in gedachten, verdronken in het verlangen naar Sophie, het meisje dat maar geen verkering met hem wilde?

Het getik stopte, na twee krachtige trillingen lag ook de lattenbodem stil.

'Ik ben gekomen,' fluisterde Thijs van boven.

'Ik ook,' zei ik, maar ik stopte mijn stijve pik terug in mijn onderbroek. Ik hield mijn linkerhand in een kommetje, alsof ik het sperma had opgevangen.

'Chill. Zag je die chick met die teringdikke tieten?'

'Die was lekker, hè?'

'Tantoe lekker, gap.'

Een paar weken later kwam hij bij mij logeren. Mijn moeder had een stretcher opgemaakt, die tegen mijn twijfelaar aangeschoven stond. Het internet deed het slecht. De website laadde op mijn laptop, maar de filmpjes niet. We probeerden andere sites waar ik het bestaan niet van afwist en die Thijs ook nooit eerder had geprobeerd. De snelheid bleef te laag, niets laadde, behalve op mijn tablet. Thijs trok zijn mondhoeken omhoog, maar liet die al vlug weer zakken.

'Hoe gaan we dat doen dan? Ik ga niet hier naast je op bed liggen rukken.'

'Dat kan toch prima, we kennen elkaar al even. En we zijn toch vrienden. Ik heb er niets op tegen.'

'Gap, ik ga niet hier met jou gaytje liggen spelen.'

Hij duwde de tablet van zijn standaard en verplaatste zich in zijn onderbroek naar de stretcher. Hij trok de deken over zich heen en draaide zich op zijn zij.

'Thijs?'

'Gap, ga slapen. Doe dit maar met iemand anders.'

De volgende dag zouden we samen met de trein naar het bevrijdingsfestival in Haarlem gaan. Ik had een slechte nacht, en deed tot zeker het middaguur alsof ik sliep. Thijs sloop de kamer uit. Mijn moeder kwam bij me kijken. 'Wat is er?'

'Ik wil niet naar het bevrijdingsfestival, mam.'

Ze keek me opgelucht aan, ook mijn moeder wilde niet dat ik ging, maar dat had ze niet durven zeggen, zo leek het. 'Ik zeg wel tegen Thijs dat je migraine hebt, goed?'

'Doe maar.'

Ik hoorde het haar tegen hem zeggen op de overloop. Hij kwam alleen nog terug om zijn rugtas in te pakken.

AAN HET EIND van het schooljaar had Kees ruim 140 uur afwezigheid in het systeem geregistreerd, ik was zo vaak naar de fysio geweest dat mijn ouders een toelage ontvingen voor chronisch zieken. Het begon aan me te knagen, ergens achter in mijn hoofd, dat er wat moest veranderen. Altijd als dat gebeurde, vrat het zich verder, dieper, als een rupsje-nooit-genoeg. Tot het niet meer alleen achter in mijn hoofd zat, maar ook voorin en aan de zijkanten. Het nam mijn brein over, mijn handen, mijn voorhoofd, mijn nek. Onrust.

Ik had nooit langer dan drie jaar ergens op school gezeten. Tot nu. De mensen van voor de middelbare school sprak ik alleen nog als ik ze per toeval tegenkwam, meestal op of rond een hockeyveld. De pesters kwam ik nergens meer tegen.

'Pap, denk je niet dat ik eens moet kijken naar een andere school?' vroeg ik toen mijn absentie-uren die avond ter tafel kwamen.

'Waarom?'

'Nou, ik mis ontiegelijk veel lessen, moet liegen over waar ik die uren doorbreng, sleep de dag dat ik moet gymmen met mijn been door de gang. Moet ik niet eens kijken naar een topsportschool? Het doel is toch om naar de Olympische Spelen te gaan? Als ik dat wil halen, en ik heb straks nog meer toernooien met Oranje, moet ik dan niet de meest gunstige omstandigheden creëren om dat doel te halen? Anders sla ik mezelf straks voor m'n kop als ik het niet heb gehaald. Dan hebben we het nog over dit gesprek, en dan zullen we zeggen dat ik hier een verkeerde afslag heb genomen.'

'Als dat is wat je wil, moeten we maar eens gaan kijken. Waar zit dan zo'n topsportschool?'

'Het Calandlyceum, hier net over de brug, weet je wel? Dat verschrikkelijke, immense gebouw dat wat wegheeft van een Amerikaans college.'

'Dat was toch afgefikt?'

'En toen hebben ze dus dat foeilelijke gebouw neergezet.'

Mijn moeder kwam binnen, ze was nog aan de telefoon met een collega. Ze had haar bril op – die droeg ze alleen als ze uitgeput was, om de hoofdpijn nog even uit te stellen. In bed zou ze het montuur afzetten, drie pijnstillers innemen en hopen dat ze de nacht rustig doorkwam. Ze hing op. 'Pff, wat een dag. Hoe is het hier?'

'We hebben het erover of ik van school moet wisselen.'

Ze schoof een van de witte design eettafelstoelen van de houten tafel en nam plaats. 'Wacht, ik maak even thee.' Ze stond weer op, zette de muziek uit en liep naar de keuken. 'Waarom zou je willen wisselen?'

'Ik heb geen zin dat nog een keer helemaal uit te leggen, hoor, mam. Ik dacht dat het misschien goed zou zijn om naar een school te gaan die meer mee wil denken met mijn sport. Als ik over tien jaar op de Olympische Spelen wil staan, denk ik dat het tijd is om keuzes te maken. En ik wil die keuze maken.'

'Waar zou je dan heen willen?'

'Het Caland is de enige topsportschool in de buurt. Daar zitten allemaal andere topsporters. Je krijgt daar een lesrooster aangemeten op je trainingstijden, en als je op trainingskamp moet of een toernooi speelt, kun je je toetsen later inhalen. Dat is toch ideaal? De komende jaren zal ik waarschijnlijk nog veel meer toernooien spelen en dan ga ik zoveel missen. Hoe zie jij dat dan voor je? Ik heb dit jaar al meer dan 140 lesuren gemist.'

'Jeetje, zoveel?'

'Ja, zoveel, ja.'

Ze duwde haar stoel weer van tafel, schonk water over een zakje rooibosthee in wedgwoodservies, en ging weer zitten.

'Dus, wat denken jullie ervan?'

'Zullen we het er morgen over hebben? Ik ben afgepeigerd.'

'Dat lijkt me goed. Pep, laat ons er ook even over nadenken. Het is nogal wat, zo'n keuze.'

'Ik wil het.'

'We praten morgen verder.'

'Ik wil het.'

'Pep.'

De volgende ochtend stuurde ik een mail naar de topsportafdeling van het Calandlyceum. Een paar uur later kreeg ik al bericht terug, of we die week nog langs wilden komen, het schooljaar liep tenslotte al bijna op zijn einde.

Ik belde mijn moeder. 'Wat doe je vrijdag aan het eind van de middag?'

'Niets, ik was van plan wat te compenseren voor die ouderavond.'

'Mooi, dan hebben we een afspraak op het Calandlyceum.'

'Oké, heb je pap al gebeld, of hij wel kan?'

'Die gaat vast wel mee. Als ik moet trainen, komt hij ook van zijn werk om me naar het veld te brengen.'

'Dat is zo.'

'Oké, werk ze dan vandaag.'

Ik hing op, mijn vader belde ik niet.

Een paar dagen later zaten we op het Calandlyceum, in een aparte vleugel op de vierde verdieping. We werden opgehaald door Raoul, een man van mijn ouders' leeftijd. Peter, jonger en in yogabroek, kwam aanlopen toen we de lift uitkwamen. De school was modern, veel moderner dan het Spinoza, te modern misschien zelfs, met in elk lokaal een smartboard. Op het Spinoza schreven de docenten nog met krijt. In het kantoor van Raoul en Peter rook het naar linoleum. Het gesprek duurde niet lang, er werden ook weinig vragen gesteld. Vooral door hen aan mij, over waar ik stond en in welk team ik speelde.

'Tuurlijk hebben we plek voor een sporter als Pepijn,' zei Raoul.

Een zin die hij leek te hebben verzonnen voor elke nieuwkomer, en dus telkens kon recyclen, hij hoefde alleen de naam te vervangen. Inmiddels zaten er al honderden sporters op school, Raoul en Peter begeleidden ze allemaal. Van Ajax-voetballers tot schermers, turners tot volleyballers, elke denkbare sport was vertegenwoordigd. Mijn ouders dronken koffie waar je maag van streek van raakt, ik een glas water.

'Wat vond je?' vroeg mijn vader op de terugweg.

'Ik denk dat ik het moet doen.'

'En de sfeer dan, op school? Hoe vond je die? Voelde je je thuis?' vroeg mijn moeder.

Op de gang werd gescholden, de wc's waren verstopt, kinderen werden er voor de lol in elkaar geslagen. Maar ik probeerde erdoorheen te kijken, zoals mijn ouders altijd zeiden voordat ze een nieuw huis kochten. Je zag de schoonheid nog niet, maar die zal zich vast ontvouwen zodra je je daarvoor openstelde. Dat was met de huizen ook gebeurd, dus waarom nu niet?

'Ik denk dat het goed voor me is.'

'Dan moeten we je binnenkort maar gaan inschrijven.'

HET WAS EEN van de laatste weken van het schooljaar. Meneer Leenders zat toetsen na te kijken in zijn lokaal. Ik klopte op de deur, hij keek op.

'Pepijn, hoe gaat het?'

'Goed hoor, heeft u even?'

'Je wilt het vast hebben over je laatste toets. Weet je zeker dat je niet door wilt met geschiedenis? Ik bedoel, je hebt er zo'n aanleg voor, je hebt het hele jaar alleen maar negens gehaald, ook deze toets weer.'

'Nee, nee. Ik wil u zeggen dat ik van school ga.'

'Wat? Hoezo?'

'Nou, ik wil zo graag naar de Olympische Spelen, en de rector wil me geen vrij geven om te kunnen sporten, terwijl ik me elke week moet melden bij het Nederlands team.'

'Ja. En nu? Waar ga je dan heen?' Hij liet de pen los, zijn hand ontspande.

'Ik heb me ingeschreven op het Calandlyceum.'

'Dat meen je niet. Je past hier zo goed, bij ons. En dan ga je naar het Caland?'

'Er is geen andere school die een topsportprogramma heeft, dus ik heb weinig keus.'

'Je had ook hier kunnen blijven. Ik bedoel, ik steun je hoor, en respecteer je keuze, maar was dit nodig? Had je echt niet hier verder gekund?'

'Ik vrees van niet.'

'Jeetje, wat zonde.'

'Ik denk dat het de goede keuze is. Als ik de Olympische Spelen niet haal, kan ik het Spinoza in elk geval de schuld niet geven.'

Hij moest lachen. 'Ik vind het fijn dat je het me komt vertellen, hoe rot ik het ook vind dat je ons gaat verlaten. Weet de klas het al?'

'Nee. Dat wilde ik ook vragen, of ik het wellicht in uw les mag vertellen.'

'Tuurlijk. Ik wilde de laatste les de klas meenemen naar de omgevallen boom in het Vondelpark. Vind je dat fijn, om het daar te vertellen?'

'Bedankt, meneer, dat lijkt me uitstekend.'

'Daar hoef je me niet voor te bedanken. Ik begrijp dat het lastig is, zo'n beslissing, en dat het belangrijk is om het in een veilige omgeving te vertellen.'

'Bedankt.'

'Wat zei ik nou?'

'Ja, sorry.'

'We zien elkaar volgende week in het Vondelpark.'

We voetbalden die dag, klommen in de boom. Tot meneer Leenders ons bijeenriep en meteen het woord aan mij overdroeg. Ik stond voor mijn klas, ze keken me glazig aan. Ik wist niet wat ze verwachtten, al leken ze vooral te denken aan de dood. Zo keken ze, alsof ik er binnenkort niet meer zou zijn, en ik alleen nog tot leven kon worden gewekt in hun herinnering. Ik stond daar, geconfronteerd met mijn eigen keuzes, en het verlangen om mezelf eindelijk topsporter te mogen noemen. Topsporters maken keuzes. Harde keuzes, die alleen voor henzelf voordelig zijn en voor niemand anders. Dit was het moment dat ik topsporter werd, dacht ik, dat ik mijn sport boven al het andere verkoos. Boven vriendschap, boven liefde, boven het leven dat ik tot dan toe had geleid. Mijn lippen bewogen, er kwam lucht tussendoor, mijn stem, ik hoorde mezelf praten en besefte niet dat het mijn woorden waren. Ik zag Ashley, Mirthe, Sophie, Lars, Stan, Bart, Judith, Monique. De meisjes met tranen in hun ogen, de jongens stoïcijns. Nadat er geen woorden meer kwamen, liepen ze naar me toe, Ashley voorop, en vormden een kring, armen om elkaar, zoals we voor de wedstrijd met het team ook deden. Ik dacht tot dan dat ik geen vrienden had, maar dit bewees het tegendeel. Ik had alleen niet willen zien dat ze er voor me waren.

Ik pakte mijn fiets, reed samen met Ashley naar huis, voor de laatste keer. Daarna sprak ik geen van allen meer.

'DUS VOLGENDE WEEK vliegen jullie naar Birmingham?' vroeg Paul. Zijn bril was wat naar voren geschoven, hij keek eroverheen.

'Ja, op woensdag.'

'En dan? Wat staat je daar te wachten?'

'We spelen een toernooi tegen drie andere landen.'

'Welke?'

'Duitsland, Engeland, Spanje.'

'De toplanden, dus.'

'Dan zou België er ook zijn, maar die doen alleen mee aan het Europees kampioenschap, volgend jaar.'

'Heb je er zin in?'

'Nou, om eerlijk te zijn, weinig.'

'Waarom? Zo'n toernooi, daar willen honderden of misschien wel duizenden jongens van jouw leeftijd heen.'

'Dan hoef ik er toch niet heen te willen?'

'Dat is zo. Maar denk je daar dan niet aan, dat zij allemaal stikjaloers zullen zijn?'

'Nee, eigenlijk niet. Zou ik daaraan moeten denken?'

'Je *moet* niets, het gaat erom wat je *wil*.'

'Dat weet ik dus niet zo goed.'

'En je weet echt niet hoe dat komt?'

'Ik heb er eigenlijk nog niet echt bij stilgestaan.'

Hij zuchtte, sloeg zijn boekje dicht en legde het op tafel.

'Pepijn, waarom ga je erheen als je niet wilt?'
'Ik wil wel.'
'Net zeg je nog van niet. Wil je nou wel of niet?'
'Ik wil wel, maar ook niet, tegelijkertijd voel ik allebei.'
'Laten we beginnen met waarom je wel wilt.'
'Het is toch een enorme kans? Mijn ouders, ik in Oranje-tenue, met het Wilhelmus, de Nederlandse vlag? Mijn vrienden, die vinden het allemaal tof, en mijn sponsor. Iedereen vraagt ernaar, op mijn club, op mijn vorige club, vrienden, vrienden van mijn ouders. Het lijkt wel alsof iedereen het weet. En bovendien, wie bedankt er nou voor Oranje? Dan moet je wel echt helemaal van het padje zijn.'
'Maar, waarom wil jíj? Het gaat er niet om of het een grote kans is, of wat je ouders ervan vinden. Het maakt niet uit wie er wat van vindt. De enige die telt, ben jijzelf. Waarom wil jij?'
'Ik denk dat ik wil omdat ik gekozen ben.'
'Dat is geen antwoord op mijn vraag. Waarom wil jij naar Birmingham, wat is je drijfveer? Ik begrijp dat het eervol en vleiend is dat je door de bondscoach bent gevraagd, maar dat is nog geen reden om ook daadwerkelijk naar Engeland te gaan.'
Het viel stil, mijn antwoorden waren op. Paul bleef me aankijken, alsof we uit het niets in een staredown waren beland. Er gingen seconden voorbij, die minuten leken te worden. Tot hij knipperde. Gewonnen, dacht ik.
'Pepijn, we blijven hier net zo lang zitten tot je een antwoord hebt.'
'Zullen we het eerst over die berg hebben, dat zou je toch uitleggen, zei je de vorige keer?'
'Welke berg?'
'Je vertelde iets over een berg, en dat onderweg de weg steeds moeilijker begaanbaar zal worden.'

'Is dat het enige wat je ervan hebt onthouden?'

'Ik vond het nogal een opendeurmetafoor voor alles in het leven.'

'Alles?'

'Bijna alles, dan.'

'Vertel eens.'

'Hoe hoger je komt, hoe moeilijker de weg, hoe minder mensen de top halen. Alleen de aanhouder wint.'

'Je hebt er dus wel meer van onthouden, dat is fijn. Ik haal even koffie, denk jij ondertussen even na over waarom je naar Birmingham wilt?'

Het regende. Een lentebui die niet langer zou duren dan een paar minuten, de zon scheen al tegen de laaghangende wolken, ze lichtten op als een lamp boven een eettafel. Ik had geen antwoord op zijn vraag. De waaromvraag was de enige die ik mezelf niet stelde. Wie, wat, wanneer, hoe. Op alle andere had ik antwoorden. Ik was niet bezig met waarom. Waarom leek een vraag te ver, een vraag die je jezelf stelde als je daadwerkelijk had nagedacht. Ik dacht na, misschien zelfs te veel, maar niet over waarom. Ik dacht aan wie ik was, aan wie ik niet wilde zijn. Dat waren de antwoorden die ik zocht. Geen existentiële crisis, maar een existentieel fiasco.

'Weet je het al?'

'Ik weet dat ik het niet weet.'

'Goed. Dan is dat waar je misschien een keer over na moet denken. En dat hoef je niet alleen te doen, daarom ben ik er, om je daarbij te helpen.'

Hij zette zijn koffie op tafel, schoof mij een glas water toe. Uit zijn tas pakte hij een markeerstift en draaide zijn stoel een kwartslag, naar een whiteboard naast hem. Eerst tekende hij twee parallelle lijnen met een koepel, maar die veegde hij snel weer uit met zijn mouw. Er bleef een roodroze vlek op achter, hij merkte het niet. 'Te steil, dan zou zelfs Cruijff de top niet hebben bereikt.' Hij tekende de contouren van een heuvel. 'Je ziet waarom ik niet naar de Rietveld ben gegaan. We doen het er maar mee. Goed. Onderaan, waar we allemaal beginnen, heb je geen uitzicht, en kijk je als vanzelf omhoog. De top trekt je blik, je ogen, bovenaan is waar het gebeurt, dat is de plek waar we allemaal heen willen. Van bovenaf lijkt de wereld overzichtelijk. Alles wat er onder je ligt, is ondergeschikt, alles boven je doet er niet toe, dan is het alleen maar lucht. Als je onder aan een berg staat, en omhoogkijkt, kun je het pad zien dat je af moet leggen. Het slingert langs de berg, zigzaggend, om steeds ietsjes hoger te komen. Elke bocht en afdaling schakel je terug. Je moet opletten dat je geen stuurfout maakt, en vooral niet naar beneden kijken. Het gaat om de weg naar boven, de plek waar je heen wilt, de plek waar iedereen heen wil. Maar als je eenmaal op de top staat en naar beneden kijkt, waar moet je dan nog heen? Je bent boven, er is geen top boven de top.'

'Wat wil je daarmee zeggen?'

'Wat zou ik ermee willen zeggen?'

'Dat ik eens naar de bergen moet?'

'De bergen zou ik iedereen aanraden, maar als je dit nu even vertaalt naar topsport. Wat bedoel ik dan?'

'Dat bovenaan niet de plek is waar het om draait?'

'Juist. Het gaat niet om de top, het gaat om elke bocht, elke meter die je klimt.'

'Dit soort wijsheden kan ik ook bij de Xenos op een tegel krijgen.'

'Ik wil alleen maar zeggen dat je moet genieten van de weg die je nu aflegt. En als je er niet van geniet, zou je je moeten afvragen waarom je dat niet doet. Heb je ooit van een bergbeklimmer gehoord die niet genoot van zijn klim? Die de top niet wilde zien? Dus, waarom doe je het, als je het niet wilt? Waarom zou je het doen? Niemand dwingt je toch?'

'Heb jij nooit dingen gedaan in je leven die je misschien niet wilde? Iedereen doet toch continu dingen die hij niet wil? Kringverjaardagen, begrafenissen, bedden opmaken, schoonmaken, vuilnis wegbrengen, strijken.'

'Het verschil zit hem erin dat je weet dat je een keuze hebt. Je hoeft het allemaal niet te doen. Je hoeft niet te strijken, of naar kringverjaardagen, of in het Nederlands team te hockeyen.'

'Het voelt wel zo.'

'En dat is dus precies waarom ik je ernaar vraag. Waarom voelt het alsof het moet? Want het moet niet. De top haal je alleen als je het wilt. Dan kun je van school wisselen, alle randvoorwaarden zo inrichten dat niemand anders iets te verwijten valt, maar uiteindelijk is dat niet waar het om gaat.'

'Waar gaat het dan wel over?'

'Het lijkt me goed als je daar op het toernooi over nadenkt.'

WE VERZAMELDEN OP Schiphol. Het was vroeg, de zon was nog maar net op. Mijn vader reed ons naar zijn werk, bij KLM, en daarna liepen we van zijn kantoor naar de check-in. Zijn lichtblauwe pas bungelde pontificaal aan een donkerblauw koord op zijn borst, als een slingerklok. In de vertrekterminal stonden de andere jongens te wachten. We droegen allemaal ons trainingspak, van een glimmende stof, met een leeuw op de linkerborst. De bondscoach had ons op de laatste training geïnstrueerd.

Mijn vader hielp ons met inchecken van de bagage. De andere ouders waren inmiddels al vertrokken, op weg naar hun werk. Hij vond het geen probleem om te helpen. Ik vond het geen probleem dat hij er nog even was. De bondscoach had het veel over de bubbel. Op trainingen, op Schiphol, toen we onze ouders gedag zeiden. Niemand wist nog precies wat dat betekende, het klonk alsof we onder water zouden verdwijnen en daarmee afgesloten zouden raken van de rest van de wereld. De bubbel was belangrijk. Je wilde in de bondscoach' bubbel, niet erbuiten.

Mijn vader vertrok toen alle koffers en keeperstassen waren voorzien van een label. Als hij kon, had hij al onze bagage eigenhandig in de romp van het vliegtuig geslingerd. 'Geniet ervan, man.'

'Zal ik proberen, pap.'

Daarna groette hij de rest en liep bij ons vandaan. Hij keek nog even om, om te zwaaien, ik was de enige die het zag.

Ik liep naast Melle over de glinsterend zwarte vloer. Als je er maar lang genoeg naar keek, was het alsof je over een sterrenhemel liep, een Melkwegstelsel. Er stond al een rij van oranje jasjes, wij sloten achter aan.

Melle was iets kleiner dan de rest van de groep, zijn donkerblonde haar was met wax strak aan zijn hoofd vastgeplakt. Onder zijn oren zag je nog zijn krullen, als de horens op de kop van een ram. Hij was stil, zoals ik, maar ook aan hem merkte ik dat hij eigenlijk wilde praten. We zochten elkaar op, al bleven onze lippen gesloten.

Ik dacht dat Melle stil was omdat zijn vader zelfmoord had gepleegd, een paar jaar later zijn oom. We zwegen erover met de groep, en daardoor kenden alleen een paar jongens zijn verhaal. Ik hoorde het van mijn vader, die het weer van zijn moeder had gehoord, maar Melle wist dan weer niet dat ik het wist. Ik weet zijn zwijgen aan zijn pijn – hoewel die er wellicht om heel andere reden was. Hij moest de wereld anders zien dan ik, en tegelijkertijd zagen we precies hetzelfde. In elk geval waren we samen iets minder stil dan alleen.

Op de ouderwetse Engelse luchthaven reed een bus voor, die door een landschap van fabrieken en hoogovens manoeuvreerde en ons afzette op het platteland. Het rook er zoals buiten bij mijn grootouders in Overijssel, vochtig en naar riet. We liepen in onze oranje kloffies door een klassieke, symmetrisch aangelegde tuin naar een statig grijs gebouw. Daar kregen we onze kamersleutel van een hotelmedewerker. Iedereen deelde een kamer, behalve de aanvoerder en ik. Wij hoefden alleen het sanitair te delen, een betegelde ruimte zonder verwarming tussen onze kamers in.

De slaapkamer zat aan een lange gang in een bijgebouw op het landgoed. Het was er bedompt, met veel houten details. Ik dacht dat ik het fijn zou vinden om mezelf zo nu en dan even af te zonderen van de rest, maar dat werkte averechts. Ik lag uren op mijn rug naar de houten balken te staren, mijn hockeytas nog ingepakt in een hoek op de vloer. Ik was moe van de vlucht, zoals ik altijd vermoeid raakte van reizen. We hoefden ons pas aan het eind van de middag te melden, voor pasta en aansluitend een training. En nu, dacht ik, wat nu?

Door de muren heen hoorde ik jongens schreeuwen, anderen joelen, waaruit ik afleidde dat er een spelcomputer op een tv was aangesloten. Daar hadden ze het op de luchthaven en in de bus al over gehad. Drie jongens hadden in hun handbagage niets anders dan een paar sokken en een playstation gestopt. Ik pakte een schrift uit mijn tas en begon te schrijven, zoals ik vaker deed als niemand het zag. Over waarom ik daar nou eigenlijk was en niet wilde zijn, ik redeneerde steeds weer in dezelfde cirkels. Na de tweede dag had ik al zoveel geschreven dat ik ook de kaft gebruikte, daarna gooide ik het in de prullenbak. Een dag later, na het ontbijt en de wedstrijd tegen Duitsland, was het verdwenen en hing er een nieuwe doorzichtige plastic zak in de bruine bak onder het bureau.

We liepen het veld op, achter elkaar, als in een treintje. Het werd mijn eerste officiële interland. Het was laat in de ochtend, of vroeg in de middag. Het was in elk geval nog voor lunchtijd. Ik was misselijk van de honger, of misschien was het stress. Bij het ontbijt was het me niet gelukt om genoeg te eten. Het schaaltje met yoghurt, havermout en banaan kreeg ik doorgaans makkelijk op – soms at ik zelfs nog een banaan toe. Maar deze ochtend leek mijn maag in een kramp geschoten en daardoor ineens drie keer kleiner. Ik dwong mezelf te eten, het schaaltje moest leeg. Anders zou ik straks honger krijgen op het veld, dacht ik.

Ik was verdediger, maar droeg rugnummer 9. Bij onze eerste oefenwedstrijd, voor vertrek uit Nederland, had de bondscoach me nummer 14 toegewezen. Hij graaide in een kartonnen doos waarvan de vouwranden op meerdere plekken waren ingescheurd en pakte willekeurig een shirt. Daar moest je het mee doen. Alleen als het shirt niet je maat was, werd er opnieuw gegrabbeld. Toen hij 14 omhooghield, hoopte ik nog tevergeefs dat het shirt me niet zou passen.

'Nou, Keppeltje, nummer 14,' zei de bondscoach. 'Dat belooft wat.'

Ik wilde geen 14. Dat nummer was voorbestemd voor sportgoden, mannen die het al gemaakt hadden, ik kwam nog maar net kijken. Je moet het lot niet tarten, vond ik, de goden niet verzoeken. Bijgeloof nestelde zich in elke topsporter, dat gold ook voor mij. 14 moest je verdienen. 'Ik wil geen 14.'

De bondscoach trok zijn linkerwenkbrauw op, enige verontwaardiging in zijn ogen. 'Weet je het zeker? Iedereen wil juist 14.'

Ik wist het zeker.

Floris had zijn shirt vlak voor mij gekregen, nummer 9. We kenden elkaar al lang, hadden de hele jeugd tegen elkaar gehockeyd, en waren op hetzelfde moment geselecteerd voor Oranje onder zestien. 'Als jij 14 niet wilt, wil ik het,' zei hij.

Zo kreeg Floris nummer 14 en ik 9. Ik werd geselecteerd voor mijn eerste toernooi, Floris bleef thuis.

Om het veld liep een hek van ijzeren spijltjes. Mijn ouders en zusje stonden op een hellend grasveld tussen andere ouders, broers en zussen. Ze waren een dag eerder geland en verbleven verderop in een bed and breakfast om mijn debuut mee te maken. Mijn vader had zijn enige oranje polo aan, die droeg hij anders alleen met Koningsdag. Een Duitse en Nederlandse vlag hingen slap naast elkaar, elk tegen hun eigen polyester mast. Stapelwolken hingen stil boven het veld, alsof ze een luchtanker hadden uitgegooid.

Ik draaide m'n hoofd richting het futloze rood-wit-blauw. Neuzen dezelfde kant op, dat had de bondscoach tijdens de voorbespreking niet alleen figuurlijk bedoeld. De voorbereiding op dit toernooi bestond deels uit het leren van interlandetiquette: volkslied, rechterhand op je borst, andere arm om de schouder van een teamgenoot, hockeystick voor de wedstrijd inleveren bij een scheidsrechter ter controle, iedereen altijd in dezelfde kleding, trots en zuinig zijn op je shirt met de leeuw, een voorbeeldfunctie uitdragen. We hadden het nog doorgenomen tijdens de oefencampagne in Nederland, als generale repetitie, en toch was nu alles anders. De focus was scherper, te scherp misschien. Alle randzaken leken te vervallen, terwijl we ons daar juist in aanloop naar het toernooi zo aan hadden vastgeklampt.

Het Wilhelmus klonk, niemand stond klaar. We lieten onze hockeysticks vlug in ons kruis glijden, rechterhand op de borst, linkerarm om een schouder. Niet zoals afgesproken, al moet het er wel zo hebben uitgezien. De muziek liep voor ons uit, we probeerden de tekst in te halen, maar de melodie bleef ons voor. Het was vreemd om in een wedstrijd tegen Duitsland te zingen dat je van Duitsen bloed was. Daar hadden we het in de kleedkamer al over gehad.

We hoorden bij elkaar, zongen hetzelfde lied, droegen hetzelfde oranje shirt, en op hetzelfde moment was iedereen alleen. Het was elf tegen elf – en tegelijk ieder voor zich. Zo was de spits die scoorde zelfs bij verlies een held, de verdediger die werd gepasseerd bij winst nog altijd de schlemiel. We hockeyden voor onszelf, het vaderland en een beetje voor onze ouders op de tribune. De Duitsers maakten ons in, met rust stonden we al 3-0 achter. Drie onhoudbare strafcorners, hard en hoog, in het dak van het doel. Mijn eerste interland werd een deceptie. Een oorwassing, zoals de bondscoach het noemde.

Ik moet die wedstrijd anders hebben beleefd dan mijn teamgenoten. Ik speelde ook nog tegen mezelf. Mijn wedstrijd ging over wie ik was, en niet kon zijn. Als ik maar goed zou hockeyen, dan kwam vast niemand er ooit achter wie ik werkelijk was, dat was wat ik in het schriftje schreef. Dan zou niemand zich afvragen hoe het kwam dat ik alleen op een kamer zat. Een stille tiener die eigenlijk om hulp wilde schreeuwen, maar met zijn hoofd onder water werd gedompeld. Roerloos. Het enige wat ik voelde wanneer ik schreeuwde waren de luchtbellen die langs mijn oren een weg naar het oppervlak zochten.

Niemand wist dat ik ook buiten het veld een wedstrijd speelde. Een wedstrijd met slechts verliezers. Om die wedstrijd te winnen, moest ik eerst toegeven aan mijn verlies, dacht ik. Maar zover was ik nog niet. We zouden het leren, zei de bondscoach, om met verlies om te gaan, maar hij vertelde niet precies hoe. De jongens keken sip, onze ouders staarden naar de grond zodra we langsliepen, we mochten hen niet gedag zeggen, dat waren de regels van de bubbel. Ik keek recht vooruit. Even was iedereen net zo stil als Melle en ik. Waren wij voortdurende verliezers? Degenen die altijd het onderspit moesten delven? Was dat onze rol? Was dat mijn rol? Terug in mijn kamer schreef ik het op een spierwit papiertje met het logo van het hotel, met een balpen met hetzelfde embleem. Ik scheurde het briefje los van de lijmlaag en gooide het als propje in de bruine bak onder het bureau.

De volgende dag kwam de schoonmaak niet.

We wonnen van de Engelsen, speelden gelijk tegen Spanje, stonden in de troostfinale opnieuw tegen de Engelsen, op het tweede veld. Sommige ouders waren er al van uitgegaan dat we de finale zouden bereiken, en moesten hun vlucht omboeken om ons nog voor het brons te zien knokken.

Het hele toernooi werden mijn polsen al ingetaped door fysiotherapeut Dirk. In de voorbereiding had ik een ontsteking opgelopen aan mijn pezen. Overbelasting. 'Geen zorgen, er kan niets kapot,' zei Dirk.

En dus speelde ik, met pijnstillers en strakgetrokken tape over mijn gezwollen polsen. Zolang iets niet kapot kon, was er geen reden om aan de kant te zitten. Hockeyen lukte, maar na de wedstrijd kon ik niet meer met een vork prikken of met een mes snijden.

In de nacht van de troostfinale schoot ik rechtop in bed. Kramp, linkerkuit. Ik had het één keer eerder gehad, toen ik terugkwam van een vakantie op Curaçao en me op dezelfde dag moest melden voor een wedstrijd. Nog in de eerste helft schoot het erin, midden in een sprint. Ik lag op mijn rug op het veld naar de blauwe lucht te staren, terwijl Thijs mijn been strekte. Tenen richting mijn hoofd, hiel ontspannen in zijn andere hand. Ik dacht alleen maar aan het einde van mijn sportleven. Was dit het? Zo moest een spierscheuring voelen, dacht ik. Telkens als Thijs de druk op mijn tenen verslapte, schoot het er weer in. Een teken dat ik niet fit was, terwijl ik me de hele zomer keurig aan het loopschema had gehouden. En toch lag ik op het natte gras, op mijn rug, als een schildpad die hulp nodig had.

'Wat de uitslag ook is, als je straks in het vliegtuig terug naar huis zit, moet je het gevoel hebben dat je hier alles hebt gegeven,' zei de bondscoach tijdens de voorbespreking om het brons. 'Ik wil dat je straks met kramp in je kuiten in het vliegtuig zit, met een bronzen plak om je nek, en het gevoel hebt dat je die hebt verdiend. Mocht het onverhoopt anders lopen, en we laatste worden op dit toernooi, dan is die kramp alleen maar het bewijs dat je het jezelf niet kunt verwijten.'

De adrenaline pompte door mijn lichaam. Ik voelde mijn hartslag versnellen, in mijn halsslagader, in mijn gespannen kuiten, het gebonk van mijn bloed onder de tape rond mijn polsen. We liepen de kleedkamer uit, de woorden van de bondscoach galmden in mijn hoofd. Ik moest gefocust zijn. Dat had de bondscoach ook gezegd, eerder in zijn monoloog. 'Je moet altijd voor honderd procent gefocust zijn. Het is logisch dat je tijdens de wedstrijd wilt winnen, dat willen we allemaal, maar als je ook bij wedstrijdbesprekingen al geconcentreerd bent, en tijdens het inspelen zorgt dat je eerste bal goed is, ga je veel beter de wedstrijd in.'

Dus deed ik mijn best gefocust te zijn. Focus, herhaalde ik, focus. Ik moet er alles aan doen. Rogier, de teamgenoot met wie ik altijd mijn warming-up deed, sloeg een bal hard richting mijn stick. Ik stopte hem niet, sloeg een stuiterbal terug. Mijn kuiten werden stijver, leek het, als een ballon die op het punt van knappen staat. Focus, focus. Ik moet er alles aan doen. Rogier sloeg een volgende bal. Strak, hard, technisch volmaakt. Rogier kon dat, druk of geen druk. Ik stopte hem, in tweede instantie, en strikte daarna mijn veters voordat ik naar Dirk liep. 'Mijn kuiten.'

'Ga maar even op je buik liggen in de dug-out, ik kom zo bij je.'

Hij rolde mijn sokken af en trok het klittenband van mijn scheenbeschermers los, daarna kneep hij in mijn onderbenen. 'Ja, die zijn wel gespannen. Voelt links anders dan rechts?'

'In links voel ik iets meer druk dan in rechts.'

‘Gek, voor mij voelt het andersom. Ik geef je iets meer pijnstilling, en een spierontspanner, en dan smeer ik er wat tijgerbalsem op. Paar minuutjes, dan kun je weer.’

Wat later dartelde ik weer over de groene kunstweide, langs Rogier en Melle. Wel werd ik verbannen naar de bank, omdat ik mijn warming-up niet behoorlijk had kunnen afronden. Na de afslag moest ik me van de bondscoach klaarmaken voor een vroege invalbeurt, in een blauw hesje aan de zijlijn. De Engelsen hadden net gescoord. Ik was nog niet warm of ik stond al binnen het krijt.

Ik sprintte, om voor mijn man te komen, en viel daarbij gek. Ik voelde hetzelfde als die nacht, en de keer dat ik op mijn rug in het natte kunstgras lag bij mijn club. Dirk kwam aanrennen – in zijn ene hand een koelbox, in de andere een verbandtrommel. Melle hield mijn been al in de lucht, Dirk nam zijn positie over. Hij begeleidde me naar de dug-out. Ik bekeek de rest van de wedstrijd vanaf de bank. Einde toernooi.

We konden onze kamers niet meer in, dus kregen we een andere kleedruimte op het landgoed toegewezen. Met maar twee douches. De hiërarchie in het team bepaalde impliciet de volgorde. Xander speelde al een jaar voor Oranje en bleef lang onder de lauwe straal staan. Telkens als een volgende teamgenoot naast hem kwam staan, onder de andere douche, inspecteerde hij hen. Zijn pupillen bewogen kort op, langzaam neer. Hij deed het ook bij mij. Ik voelde het ongemak uit mijn gespannen kuiten omhoogtrekken, richting mijn liezen en daarna concentreerde het bloed zich rond mijn kruis. Ik pakte de douchekop uit de houder en spoelde mezelf sneller af dan Xander zijn ogen omhoog kon bewegen. In een mum van tijd stond ik weer in de kleedkamer. Het katoen van mijn boxer plakte aan mijn billen.

Na mij was Melle. Ik was alweer half aangekleed, hij had

gewacht tot ook Xander zijn plek eindelijk afstond. Melle liep in een compressiebroekje naar de douches, en liet dat daar pas van zijn billen glijden. Hij was dan misschien wat kleiner dan de rest, zijn lichaam was bovengemiddeld gespierd. Vooral zijn onderstel was verder ontwikkeld. Hij draaide zich niet om, zodat niemand zijn pik zou kunnen zien, en zeepte zich niet in. Nog sneller dan ik was hij klaar en stapte met een natte onderbroek in zijn trainingsbroek.

Voor de laatste keer aten we in de hal. Ik zat naast Melle. We zwegen, zoals de rest van de jongens. Alleen de begeleidingsstaf fluisterde zo nu en dan wat. We verlieten het Engelse landgoed zonder medaille. Een uitzondering – het Nederlands elftal kwam tot dan toe vrijwel altijd terug met een prijs, zeker bij een toernooi waar maar vier teams aan deelnamen.

Het vliegtuig steeg op. Ik dommelde weg, keek half slapend door mijn wimpers toen Xander het over aftrekken had. Hij vertelde over de porno waar hij naar verlangde, stak al een hand in zijn broek om te doen alsof hij erop klaarkwam, met een vertrokken gezicht. Daar was dat gloeiende gevoel weer.

'EN, HOE WAS het?'

'Op de laatste speeldag na, was het wel te doen.'

'Te doen?'

'Ja, ik vond het niet alleen maar vervelend. Soms was het ook wel tof.'

'Noem eens een voorbeeld, van wat er precies "tof" aan was?'

'Op Schiphol. Mensen vroegen de hele tijd welk team we waren. Sommigen wilden op de foto. Anderen liepen weg, teleurgesteld omdat we geen voetballers waren.'

'Je vond het dus vooral "tof" dat andere mensen jullie interessant vonden.' Paul trok zijn wenkbrauwen op.

'Ik denk het.'

'Vind je het belangrijk wat anderen van je vinden?'

'Dat vindt iedereen toch?'

'Het gaat erom in hoeverre je je erdoor laat leiden.'

'Laat jij je erdoor leiden?'

'Ik ben de psycholoog, ik stel de vragen en jij geeft antwoord. Het is een goede vraag, dus beantwoord hem zelf eens.'

'Ik denk dat je gelijk hebt.'

'Gelijk?'

'Dat het erom gaat of je je erdoor laat leiden of niet.'

'Dat denk ik ook, daarom zei ik het, maar dat is nog geen

antwoord op je eigen vraag. Laat je je erdoor leiden, of niet?'

'Tot op zekere hoogte.'

'Tot welke hoogte?'

'Ik weet niet of ik daar een antwoord op heb.'

'Omdat?'

'Omdat ik het niet weet.'

'Weet je dan al wel waarom je hebt besloten om naar Birmingham te gaan? Heb je tijd gehad om daarover na te denken?'

'Ja, ja.'

'En?'

'Ik denk...' Ik keek naar buiten terwijl ik naar woorden zocht, op zoek naar houvast of iets anders waarmee ik zijn aandacht kon afleiden.

'Buiten vind je het antwoord niet, Pepijn. Je kunt beter je ogen sluiten.'

Ik keek naar de tafel – ook daar geen houvast. 'Ik denk dat ik de wedstrijden anders beleef dan de rest van de groep.'

'Was dat antwoord op mijn vraag?'

'Weet ik niet.'

Ik moest lachen, Paul ook.

'Maar, ik denk van wel. Ik beleef de wedstrijden anders dan de groep, en waarom weet ik niet zo goed, maar ik merk dat ik dat wil proberen te veranderen.'

'Proberen te veranderen.'

'Ja, dat wil ik proberen te veranderen.'

'Laten we een klein experiment doen. "Proberen" dan, hè?' Hij gaf me een knipoog en legde zijn vulpen voor mij op tafel. 'Probeer nou eens voor de grap die pen te pakken.'

Ik pakte de pen.

'Nee, nu heb je hem al vast. Probeer die pen eens te pakken.' Hij pakte de pen uit mijn handen en legde die weer voor me op tafel. 'Pro-beren.'

Ik keek naar de pen, en bleef net zo lang kijken tot Paul de stilte doorbrak.

'Moeilijk, hè, proberen? Er gebeurt ook weinig, als je iets probeert. Of je doet het, of je doet het niet. Proberen is de schemerruimte daartussenin, de ruimte die eigenlijk niet bestaat maar waarvan we allemaal toch hopen dat die er is. Tot het moment dat proberen *doen* of *laten* wordt, en het proberen in de schemering achterblijft. Dus, knoop in je oren: proberen kun je maar beter laten. Doe het. Of doe het niet. Ik pak even water voor je, denk jij ondertussen na over hoe je hebt "geprobeerd" de wedstrijden op dezelfde manier te beleven als de rest. En of je je laat leiden door anderen, ook niet onbelangrijk.'

Paul kwam even later terug, als altijd duwde hij met zijn elleboog de klink omlaag.

'Ik weet het nog niet.'

'Denk rustig verder.'

'Ben ik gek?'

'Nee, je bent niet gek.'

'Maar, vind je me gek?'

'Doet het ertoe of ik je gek vind?'

'Ja.'

'Zou je je anders gedragen als ik je gek vond?'

'Ik zou ervoor proberen te zorgen dat je dat niet meer denkt.'

'Proberen?'

'Ja, goed, niet proberen. Ik bedoel dat ik niet gek gevonden wil worden.'

'Dus je laat je leiden door wat anderen van je vinden.'

'Blijkbaar.'

Hij ging zitten, nam een slok van zijn water. 'Dus, hoe heb je "geprobeerd" de wedstrijd op dezelfde manier te beleven als de rest?'

'Ik denk dat ik het verkeerd heb geformuleerd, want ik bedoelde dat ik het gevoel heb dat ik geen onderdeel ben van de groep. Alsof ik buiten de groep sta en er niet tussen kom. En dat geldt niet alleen voor binnen de lijnen. Ook erbuiten gedraag ik me anders, stiller.'

'Wat zou er gebeuren als je in de kring zou gaan staan?'

'Middenin?'

'Nou, laten we beginnen met schouder aan schouder.'

'Dan zouden ze wat ruimte voor me moeten maken.'

'In topsport maakt niemand ruimte voor een ander. De ruimte die er is, heeft iedereen zelf verworven.'

'Dus?'

'Je hebt ellebogen, Pepijn. Gebruik ze.'

'Hoe dan? Jij hebt makkelijk praten, ik zie jou alleen je ellebogen gebruiken als je een deurklink naar beneden duwt.'

'Dat heb ik ook moeten leren. Toen ik zo oud was als jij, speelde ik in de jeugdopleiding van FC Groningen. Ik droomde van het Nederlands elftal, het volkslied, het Oranje-tenue. Ik zou de nieuwe Dennis Bergkamp worden, of anders wel Van Basten. Maar dat ik nu hier tegenover jou zit, zegt genoeg over hoe dat is afgelopen.'

'Want?'

'Ja, niet goed dus. Ik kon niet omgaan met de druk, het werd me al snel te veel. De coaches, trainers, iedereen die steeds maar iets van je moet. Psychologen waren toentertijd nog alleen voor gekken en verslaafden. Soms ging er een achternicht met smetvrees heen, maar verder bleef iedereen bij de psycholoog weg. Mensen hebben vaak het idee dat je op een sofa moet liggen, en dan alles wat in je opkomt moet oprakelen, met een doos tissues op je borst, weet je wel. Dat is niet zo, er staat hier niet eens een bank, snap je?'

Ik keek om me heen, in de hoek stond een opklapbare tweezitter.

‘Oké, een slaapbank, maar je dacht toch niet dat ik je zou vragen erop te gaan liggen? We dwalen af. Terug naar jou, waar waren we?’

‘Ik weet het niet meer.’

‘We hadden het erover dat je je geen onderdeel voelt van de groep, en je je ellebogen moet leren gebruiken. Wat ik over mijn jeugd bij FC Groningen wilde zeggen, was dat ik ook niet wist hoe dat moest, maar er was ook niemand die het me kon leren. Daarom ben ik dit gaan doen, om topsporters zoals jij dat te leren. Voordat ze eindigen als ik. Die ellebogen. Je hoeft ze natuurlijk niet letterlijk in iemands zij te steken. Ik denk dat het belangrijk is dat je ruimte creëert om jezelf te zijn.’

‘Hoe doe ik dat dan?’

‘Door het te zijn. Diep vanbinnen weet je toch wie je bent? Wat zie je als je in de spiegel kijkt? Hier, ga eens staan, boven de wasbak hangt er een.’ Hij schoof zijn stoel naar achteren en liep achter me langs. ‘Kom dan.’

Ik liep hem achterna.

‘Wat zie je?’

‘Dat ik naar de kapper moet.’

‘Serieus, kom.’

‘Ik zie echt dat ik naar de kapper moet.’

‘Goed. Wat zie je nog meer?’

‘Mezelf?’

‘Wie is dat?’

‘Een topsporter.’

‘Een topsporter, maar ook broer, zoon, scholier, vriend, kennis. Toch? En daarnaast. Wie is Pepijn?’

‘Een jongen die zichzelf niet begrijpt.’

EERSTE LESUUR, EERSTE dag van het schooljaar, derde etage, vijf minuten te vroeg. De start van een nieuw leven. De hele zomer was ik ermee bezig geweest, had ik nagedacht over hoe ik dit leven vorm wilde geven. Ik werd topsporter, met doelen net boven mijn kunnen, met een dieet en sponsor. Mijn vader was trots, mijn moeder was trots, mijn zusje. Dat vertelden ze die zomer tijdens de vakantie om de haverklap, tot ik vroeg of ze het niet meer wilden zeggen. Familie zou altijd trots zijn, al deed ik niets om trots op te zijn. Dit zou het jaar worden van het Europees kampioenschap, in Wenen. Mijn eerste, en zeker niet het laatste, dat was het voornemen. Fit naar Wenen vertrekken, dat was het doel. Elke training tot dan was bekend, elk rustmoment, elke dag dat ik even naar adem kon happen om vervolgens weer diep onder water te verdwijnen.

In de gang, tegen de grijze stenen muur, stond een jongen met zwart, steil haar en een sweater. Zijn spijkerbroek zat strak om zijn kont. Hij leek verdwaald, maar straalde toch een zekere zorgeloosheid uit.

'Ben je ook nieuw?' vroeg ik.

'Ja. Ik ben Tjalle.' Hij stak een hand uit.

'Pepijn. Welke sport doe jij?'

'Schaatsen.'

'Tof, welke afstand?'

‘Korte afstanden op de lange baan, vijfhonderd meter, soms duizend. En jij?’

‘Ik hockey.’

‘Welke positie?’

‘Achterin, ik ben laatste man.’

‘Laatste man?’

‘Ja, de speler die centraal achterin voor de keeper speelt.’

‘Dus dan scoor je weinig?’

‘Een paar keer per seizoen.’

‘Weinig.’

‘Minder dan een spits, maar die komen ook veel vaker in de positie om te scoren.’

‘Dat is zo. Heb je hier ook zo les?’

‘Ik heb zo Frans.’

‘Ik ook.’

De zoemer klonk, we zochten een plekje in het lokaal. De leerlingen bleven komen tot er geen stoel meer over was, zelfs op elke tafel was iemand gaan zitten. Een fout in het rooster, zei de docent. Er was maar één lokaal gereserveerd, in plaats van twee, toch mochten we niet vertrekken.

‘Heb je dit ooit meegemaakt?’ zei Tjalle.

‘Nooit.’

‘Gaan we hier écht blijven, in dit lokaal?’

‘Wat wil je anders doen, weggaan?’

‘Ja?’

‘Waarheen dan?’

Hij ging weg, ik liep hem achterna, de trappen op, naar de topsportvleugel.

‘Waar gaan jullie heen?’ vroeg de docent.

‘Trainen,’ zei Tjalle.

Dezelfde dag leerden we Dorian kennen, een breedgeschouderde, stoïcijnse ex-skiër. Hij was langer dan wij, met armen zo dik als mijn benen. Hij was geblesseerd geraakt aan zijn rug en zijn moeder kon, of wilde, de torenhoge kosten voor zijn sport inmiddels niet meer betalen. Niemand leek te begrijpen waarom hij nog op het Caland zat. Hij maakte zijn toetsen niet, versliep zich, kwam niet opdagen in de les. Zonder consequenties. Dorian had iets onaantastbaars. Hij leek nooit bezig met de ander, alleen met zichzelf, soms vroeg ik me af of het hem ook maar iets kon schelen. Zijn kleding was anders, ouwelijker – hij droeg afgetrapte Vans en pantalons. Hij was zichzelf, zoals ik nooit iemand zichzelf had zien zijn. En toch deelde hij niets. Niet over zijn leven of familie, over liefde of verdriet. Tot hij naast me zat, bij natuurkunde, ruim een maand nadat we elkaar hadden leren kennen. 'Moet je luisteren,' zei hij. Hij deed een van zijn oordopjes uit en gaf die aan mij. 'Seaside' van The Kooks, een band waar ik nog nooit van had gehoord. Een paar akkoorden op akoestische gitaar, daarna zette de zanger in.

Do you want to go to the seaside?
I'm not trying to say that everybody wants to go
I fell in love at the seaside
She handled her charm with time and slight of hand and, oh

But I'm just trying to love you
In any kind of way
But I find it hard to love you girl
When you're far away
Away

Do you want to go to the seaside?
I'm not trying to say that everybody wants to go

But I fell in love on the seaside
On the seaside
In the seaside

Een minuut, negenendertig seconden. En daarna opnieuw, en opnieuw, opnieuw. Eindelijk werd bezongen wat ik dacht te voelen. Hoe ik probeerde van een meisje te houden, en het almaar toch niet wilde lukken. Hij pakte mijn hand vast en tekende met blauwe balpen een anker op de binnenkant van mijn pols, hetzelfde deed hij bij zichzelf. Toen ging de zoemer en mochten we het natuurkundelokaal verlaten.

Daarna kwam hij plots niet meer naar school. Hij had het niet gezegd, dat het zijn laatste dag was. Pas maanden later, toen ik Tjalle vroeg waar hij eigenlijk gebleven was, hoorde ik dat Dorian op zee zat, inmiddels vlak bij Cuba. Skiën ging niet meer, dus dat schooljaar zou hij de Atlantische Oceaan oversteken met andere scholieren op een driemaster, zo had hij besloten. Schoolboeken in zijn tas, stormen omzeilend. Soms plaatste hij een foto op Facebook. Dan wisten we dat het goed was, dat hij nog leefde. Andere keren kregen Tjalle en ik vragen van onze natuurkundedocent, die hem toetsen had toegestuurd, maar heel andere toetsen en antwoorden van hem terugkreeg.

Ik benijdde hem. Dat hij was ontsnapt aan de sleur van ons topsportleven, aan het almaar repeterende, nooit veranderlijke slijten van de tijd waar ik me aan had onderworpen. Hij had de uitknop gevonden, een maas in de topsportwetten. Een blessure. Een kwetsuur. En daarna was hij naar zee gevlucht, om een vrijheid te ervaren die je alleen daar moest kunnen vinden. Een vrijheid die anders was dan de uitval van een lesuur, of een training. Ik wilde ook niets liever dan op dat schip zijn, dommelend over de witte schuimkoppen, ver van hier.

Terwijl hij weg was veranderde mijn muzieksmaak. Bill Withers, de Bee Gees en Aretha Franklin stonden voortaan in een afspeellijst met The Kooks, Ben Howard en Bon Iver. Ik leefde steeds meer in mijn eigen wereld, mijn topsportbubbel met een verlangen naar de zee, of in elk geval naar een ander leven. Een ruwer leven, een leven zoals de muzikanten die mij meevoerden naar een andere wereld – daar waar ik misschien wel antwoorden vond. Ik kocht Vans, geel met rood en groene palmbladeren die deden denken aan wietplanten.

Aan het eind van het voorjaar, meer dan een halfjaar na zijn vertrek, ontving Tjalle een bericht via Facebook. Over een paar weken zou Dorian terug zijn, om zich de laatste weken van het schooljaar weer bij ons aan te sluiten. Wanneer was nog onduidelijk. Dat lag aan de wind, en die was voor onbepaalde tijd gaan liggen.

IK KREEG EEN vriendinnetje, Meike. Een blond meisje met steil roomblond haar, dat ze tijdens hockey in een staart bond. Ze speelde in het Nederlands team en ook bij Hurley. Iedereen wilde Meike, maar ze was van mij. Vlak voor de winterstop kregen we verkering. Op de voorlaatste training – Meike en ik waren net een paar dagen met elkaar – liep ik samen met Nick en Rijk het veld af, naar de witte, houten toegangspoorten waar mijn vader zat te wachten in onze oude Renault.

'Keppel, Meike heeft toch echt mokerdikke tieten?' zei Rijk.

Rijk had het vaak over seks, en over de porno die hij keek. Hij graaide daarbij altijd met een hand in zijn broek.

'Hebben jullie eigenlijk al geneukt?' zei Nick.

'Nee, nog niet.'

'Gast, ik zou haar al zo kankerhard schuin hebben gebald,' zei Rijk.

'Schuin ge-wat?'

'Of je haar al schuin van achter hebt geneukt,' zei Nick.

'Keppel, je weet toch wel wat dat is.'

'Gozer, wat de fuck. Hoelang zijn jullie nu samen?'

'Bijna een week.'

'Dan heb je dus al een hele week gehad om haar te neuken, en je hebt het nog niet gedaan. Hoe dan?'

'Nog niet, in elk geval.'

'Keppeltje, we zitten je maar te plagen, joh, gek. Volgende week is vroeg genoeg.'

'Nou, Nick, als ik Kep was had ik haar allang geneukt.'

Ze keken elkaar aan, barstten in lachen uit, gaven een boks.

Meike woonde in Amstelveen, vlak bij de hockeyclub, in een afgrijselijk jarenzeventighuis. Haar slaapkamer was op zolder, drie trappen op, over met tapijt beklede treden. De tweede week van onze verkering kwam ik voor het eerst bij haar thuis. We zeiden haar moeder gedag, sloegen de thee af, ik rende achter haar aan over het tapijt naar boven.

Ze zoende me, eerst op mijn wang, daarna op mijn mond. Eerst zonder tong, daarna met. Ze duwde me op bed, klom vrijwel meteen boven op me, voelde met haar hand in mijn broek – niets – en bereed me net zo lang tot ze wel wat voelde.

'Mag je broek uit?'

'Nu al?' zei ik.

'En je shirt ook?'

Ik lag op mijn rug in mijn onderbroek op de derde etage van een jarenzeventigwoning in Amstelveen, en dacht aan niets anders dan aan wat Rijk had gezegd. Schuin – wat dat ook mocht betekenen – van achteren, dat was klaarblijkelijk gebruikelijk. Het lukte me niet aan iets anders te denken. Telkens als ik mijn ogen sloot, zag ik Melle, Nick of Thijs voor me, en voelde ik even een gloed over me neerdalen. Tot ik mijn ogen opende en haar weer zag.

'Wat is er?'

'Weet ik niet zo goed. Ik denk dat ik te gespannen ben.'

'Dat is toch nergens voor nodig? Ik had niet gedacht dat we hier al zouden liggen. Je leek me niet zo'n jongen.'

'Wat bedoel je?'

'Je leek me niet iemand die snel seks wilde.'

Ik rolde onder haar uit. 'Waarom dacht je dat?'

'Gewoon, een gevoel. Ik had het er met mijn teamgenootjes over en zij dachten hetzelfde. Je komt niet over als een jongen die met seks bezig is, zoals Rijk of andere jongens uit je team. Ik bedoel het goed, hè? Dat vind ik juist leuk aan je.'

'Begrijp ik, maar ik vraag me af waarom je dat dacht, of voelde.'

'Kep, kom nou, ik bedoelde het niet verkeerd. Ik dacht gewoon dat je niet zo geil was, dat het wel even zou duren voordat we dit zouden doen.'

'Oké.'

'Is het echt oké?'

'Ja-ha, het is oké. Maar zullen we het nog even bij alleen zoenen houden?'

'Als je dat wil, is dat prima.'

Ze duwde haar tong soms tot achter in mijn mond, en haalde hem dan terug in de ruimte tussen mijn lippen en tanden, als een tandenborstel van vlees. Andere keren beet ze zachtjes in mijn onderlip, of sabbelde ze eraan. Tot ze stopte, mijn hand pakte, en die diep in haar lingerie stak. Ze kreunde, en daarna nog wat heviger, ze pakte me vast, zette haar nagels in mijn rug, fluisterde in mijn oor of ik mijn vingers iets kon verplaatsen. Het voelde nat en warm, als een homp verse klei, als pottenbakken.

'Ik heb geen idee wat ik doe,' fluisterde ik terug.

'Maakt niet uit, ik help je.'

Ze bewoog mijn vingers sneller en harder op en neer, alsof ze iets probeerde schoon te boenen. Ik deed niets, voelde niets. Ze kreunde, bewoog haar hoofd naar achter en liet mijn hand los.

'Dat was lekker.'

Ik rook aan mijn vingers.

De eerste keer dat ze bij mij langskwam, waren we net verhuisd naar Badhoevedorp. Het was een twee-onder-een-kapwoning die mijn ouders door een aannemer hadden laten strippen en weer opbouwen. De verbouwing duurde ruim een halfjaar, maar nu was het klaar. Er was een oprit voor de auto's, een garage, en bovenin, helemaal in de nok, hadden mijn zusje en ik onze eigen kamer met badkamer. Mijn vierde verhuizing, in zestien jaar.

Het was winter, en de eerste sneeuw viel in de vroege middag, toen Meike door haar moeder bij ons op de oprit werd afgezet. Na het avondeten zou ze weer worden opgehaald. Tijd was er niet, in onze prille topsportlevens, en liefde bleef bij ontdekken. Ik begreep nog niet wat ik voor haar voelde, al was ze mijn vriendinnetje. Misschien voelde het eerder als een beginnende vriendschap, dat zou kunnen, gezien ik zowel met liefde als vriendschap weinig ervaring had. Niemand was tot dan toe langer in mijn leven gebleven dan vier jaar, op mijn familie na. Steeds nieuwe scholen, een nieuwe hockeyclub, van het districtsteam naar Oranje. Elk fundament voor relaties ontbrak, zowel vriendschappelijk als romantisch, waardoor ik het verschil nauwelijks kon herkennen.

Meike was het eerste vriendinnetje dat ik mee naar huis nam. Mijn moeder had appeltaart gebakken en vetarme koekjes voor ons gehaald. Mijn ouders kenden haar al van Hurley. De afgelopen weken had ze na haar eigen wedstrijd bij die van mij staan kijken en op willekeurige momenten 'hup, Keppel' geroepen. Pas toen we al verkering hadden kwam ze erachter dat Keppel mijn achternaam was.

Mijn ouders vonden haar leuk, al zouden ze dat ook hebben gezegd als ze dat niet vonden. Ze vroegen naar haar ouders, hockey, jeugd. Naar wat ze lekker vond, om voor een volgende keer te maken, en waar ze van moest kokhalzen. En naar de manier waarop zij haar leven rondom de sport inrichtte.

'Niet,' antwoordde ze daarop. 'Sport is er altijd.'

'Word je daar niet af en toe strontziek van?' vroeg mijn moeder.

'Nee, eigenlijk niet, nee.'

'Jij, Pep?'

Ik schudde mijn hoofd. Het was een truc van mijn moeder, om mij aan het praten te krijgen. Ze probeerde het wel eens, als we met z'n tweeën aan tafel zaten, of op de bank. Die gesprekken ging ik uit de weg. Bang voor de vragen, en de reactie op mijn antwoorden. Wat moest ik, als ze even haar licht op mijn ziel mocht schijnen en ze in een donker hoekje zag wie ik werkelijk was? Liegen, ik zou liegen, als haar licht daar scheen. Maar tot dan zou ik elke poging dwarsbomen.

'Kun je me de rest van het huis laten zien?' zei Meike.

We gingen van tafel, naar zolder, naar mijn kamer. Ze trok mijn onderbroek uit, maar hield haar lingerie nog even aan. Ik lag op mijn rug, keek naar de groengele sterren op het plafond die vanavond weer licht zouden geven. Ook die waren meeverhuisd. Ik trok haar string naar beneden, probeerde haar beha los te maken met één hand, had toch twee handen nodig. Dit keer was de spanning aan mijn zijde, zolang ik maar niet dacht aan wat er gebeurde. Zolang ik maar wegbleef uit het hier en nu, in gedachten ergens anders was, met iemand anders, en ondertussen mijn ogen op de sterren hield. Dan lukte het wel.

Mijn moeder trok de deur naar zolder open en riep dat het eten klaar was. Ik schrok, maakte een onverwachte beweging, en toen zat ik in haar. Ze ademde lang uit. Ik trok mezelf terug, graaide meteen naar mijn onderbroek, op mijn enkels. Omhoog, om mijn billen, om mijn pik. Ik stapte uit bed. 'Sorry, sorry. Gaat het?'

'Dat kan ik beter aan jou vragen. Wat is er toch met je? Waarom sta je daar, nu, zo naast het bed? Kom nou even hier.'

'We moeten eten.'

'Dan wachten ze maar even, zo snel koelt het echt niet af.'

'Je kent mijn moeder nog niet. Als ze roept, is het de bedoeling dat we komen. En ja, waarschijnlijk staat het eten dan nog niet op tafel, en heeft ze een paar minuten te vroeg geroepen. Maar als we niet komen, roept ze over een minuut weer, en daarna weer, totdat we alsnog te vroeg beneden staan.'

'En wanneer hebben we het dan over wat er net gebeurde?'

'Het was een ongelukje, sorry, moeten we het daar écht over hebben?'

'Lijkt me wel.'

'Wat wil je erover zeggen dan?'

'Nee, nu gaan we eten ook.'

'Godver, Meike, zeg dan gewoon wat je wil zeggen.'

'Nee.'

Ik ging op bed zitten. Ze lag op haar rug, half onder de dekens, haar borsten bedekt. Ze draaide zich om, de deken gleed van haar af. Ze was naakt. Het was de eerste keer dat ik haar naakt zag, alles daarvoor had zich onder of tussen de lakens voorgedaan. Er viel licht door het raam van de dakkapel op haar lichaam. Ze was kaal, had striemen op haar borsten, alsof ze was gebrandmerkt, of haar bloed zich door haar huid een weg naar buiten probeerde te banen.

'Te snel gegroeid.'

'Wat?'

'Je keek toch naar mijn borsten?'

'Ja?'

'Die zijn te snel gegroeid, ik heb striae. Vind je het lelijk?'

'Nee?'

'Dat zeg je alleen maar omdat je van me houdt.'

Ze moest aan me hebben gezien dat het klopte, wat ze zei, al wist ik zelf niet of het 'houden van'-gedeelte waar was. Ik verafschuwde haar lichaam, zoals ik ook boerenkool, rapmuziek en vuile kleren verachtte. Ze kon er niets aan doen. Het was niet haar lichaam, het ging niet om haar.

Een week lang reageerde ik niet op haar berichtjes. Ze belde me op een ochtend. Ik nam niet op. Die middag kocht ik een zilveren kettinkje voor haar verjaardag, bij een juwelier in een winkelcentrum in Amstelveen. Het werd ingepakt in een vierkant doosje, met een schuimpje. Het hangertje stak erdoorheen. Ik stopte het in mijn binnenzak, zoals ik mijn vader zag doen als hij wat voor mijn moeder kocht, en belde haar toen ik thuiskwam.

'Hoi, met mij.'

'Je leeft dus nog.'

'Sorry dat ik niets van me liet horen, ik ben een beetje in de war.'

'In de war?'

'Ja.'

'Kep, je kunt niet een week lang niets van je laten horen. Daarom hebben we geen verkering.'

'Ik weet het, ik zei toch sorry.'

'En nu?'

'Wat bedoel je?'

Ik hoorde haar harder uitblazen, en inademen.

'Meike?'

'Ja.'

'Huil je?'

‘Ja.’

‘Sorry, ik weet ook niet waarom ik niets liet horen.’

‘Je had toch ook gewoon kunnen zeggen dat je niet meer met me wilde zijn?’

‘Maar...’

‘Maar wat? Je had het toch kunnen zeggen, of niet soms?’

‘Dat had ik kunnen zeggen.’

‘Maar, is dat het? Wil je niet meer samen met me zijn?’

‘Ik denk dat dat voor nu beter is.’

Ze hing op, ik flikkerde het doosje uit het raam, in de dakgoot.

IK VOELDE METEEN dat het mis was. Het gebeurde tijdens een strafcorner, op het hoofdveld van Klein Zwitserland in Den Haag. Mijn rechterpink tussen mijn stick en die van iemand anders. Open botbreuk, verbrijzelde top, zei de traumachirurg toen hij mijn vinger met drie prikken plaatselijk verdoofde. De onderkant van mijn pink naaide hij weer vast door mijn nagel. Daarna kreeg ik een spalk van gips. 'Houd er rekening mee dat je minimaal tien weken bent uitgeschakeld,' zei hij.

Als het niet zoveel pijn had gedaan, was ik met een glimlach het ziekenhuis uitgelopen.

Ik zou dat jaar aanvoerder worden van Oranje, dat had de bondscoach me een week eerder gevraagd. Dat ging door de blessure niet meer door. 'We spelen volgende week al een oefeninterland, tegen België, en dan willen we een aanvoerder aanwijzen die dat ook tot en met het Europees kampioenschap blijft,' zei hij toen ik hem belde met het nieuws. 'Dat gaat nu niet, want je bent de komende weken uitgeschakeld. Ik ga even overleggen met de rest van de technische staf, maar ga er voor het gemak maar alvast van uit dat iemand anders de band krijgt.'

Even later belde hij me terug. Floris werd aanvoerder, ik vicecaptain – aanvoerder onder de aanvoerder. Dat betekende meer dan de band dragen, maakte de assistent-bondscoach me wijs. 'Een leider is pas een leider als degenen onder hem volgen. Jij hebt als viceaanvoerder altijd de keuze om hem niet te volgen. Eigenlijk ben je dus gewoon de baas.'

Het seizoen stond in het teken van het EK in Wenen. Dan moesten we goed zijn, boven onszelf uitstijgen, vliegen. In de aanloop speelden we daarom twee toernooien – een in Aerdenhout, het ander in Mannheim. In Nederland wonnen we goud, in Duitsland verloren we de finale – tegen Duitsland, op zijn Duits. Mijn ouders en zusje keken elke wedstrijd. Als het goed ging, hoorde ik mijn vader niet. 'Ga nou eens hockeyen, mannen!' riep hij anders, zoals tijdens die verloren finale tegen Duitsland.

'Houd je bek!' schreeuwde ik terug.

'Ga hockeyen dan.'

'Als jij je bek houdt.'

Ik was die toernooien bezig met randzaken. Met mijn vader op de tribune, met het aanvoerderschap dat me was ontnomen, met mezelf. Mijn hoofd deed steeds vaker niet mee. Ik leefde in een schijnwerkelijkheid, een dubbelleven. Ik voelde dingen die ik niet van mezelf mocht voelen, dacht dingen die ik niet mocht denken. Ik was een ketter die probeerde onder de radar van de normatieve samenleving te vliegen totdat hij zeker wist een afvallige te zijn.

Het ging me niet langer om goud, zilver of brons. Dat was vloeken in de topsportkerk, waar de kleur van het eremetaal bepaalde wie je was. De kramp in mijn kuiten bleef, fysio Dirk masseerde ze niet langer. Het lag niet aan mijn spieren, maar aan mijn kop. Ook hij had dat door, al zei hij dat niet met zoveel woorden. Soms lukte het om mezelf voor de gek te houden, door rituelen en ademhalingstechnieken die ik leerde van mijn psycholoog. Dan was ik wel goed, dan was ik wel met mijn hoofd op dezelfde plek als mijn lichaam.

Maar het lukte me steeds minder vaak die twee te verenigen.

Ook in Mannheim, toen mijn vader vanaf de tribune schreeuwde, lukte het me niet. Ik speelde op de automatische piloot. Zonder mijn hoofd, maar met mijn lichaam. Alsof die twee niet langer wilden samenwerken. Ik dacht tijdens het sporten. Je moest niet denken, je moest voelen, dat stond in de biografieën en zelfhulpboeken die ik las. Maar hoe meer ik dacht aan voelen, hoe meer ik dacht in plaats van voelde. Ik probeerde mijn gedachten te onderdrukken, met druivensuiker, pijnstillers en andere middelen. Soms lukte het, en werd ik gesterkt in mijn bijgeloof. Ik scoorde tegen Maleisië in Mannheim, de enige strafcorner die ik ooit nam in landsbelang, mijn enige doelpunt in Oranje. Na afloop noteerde ik in de kleedkamer het recept: drie tabletten druivensuiker, twee paracetamol, ibuprofenzalf op mijn kuiten, tape rond mijn polsen.

Aan het toernooi in Duitsland deden ook de Oranje-meisjes mee, Meike incluis. Ze speelden voorafgaand aan onze wedstrijden. Dennis, mijn kamergenoot, had zijn oog laten vallen op Puck, middenvelder. Ik op Charlotte, verdediger. Dennis en ik speelden al twee jaar samen in Oranje. Samen vormden we het hart van de defensie: hij op doel, ik als laatste man. We vertrouwden elkaar, wisten precies wat we aan elkaar hadden, konden ruziemaken en elkaar de schuld geven. Zodra we het veld afliepen was het weer goed. Over alles wat tot het verleden behoorde, kon je je maar beter niet al te druk maken, zei de bondscoach.

Dennis was de grootste sportman van ons allemaal, al had je daar als doelman weinig aan. Voor het slapengaan trok hij zich nog op, deed hij buikspieroefeningen. We deelden wekenlang hotelkamers, met allebei ons eigen bed. We spanden een waslijn, diagonaal door de kamer, om onze natte kleren te kunnen laten drogen. Om de dag vulden we het bad met wasmiddel en boenden we elkaars onderbroeken en tenue schoon. We lazen boeken over onze sporthelden, praatten over hockey en de Oranje-meisjes.

Ik had het bed aan de raamkant, Dennis het bed bij de deur, zoals altijd. Elke avond moesten we uiterlijk om negen uur op onze kamers zijn, dat stond zo in het programma – een A4'tje dat de bondscoach elke ochtend voor het ontbijt op zijn deur plakte. Ik lag tegen die tijd vaak al uren op bed te lezen, Dennis speelde spelletjes op zijn telefoon. Tussendoor kaartten we op het houten nachtkastje tussen onze bedden in. De eerste dag deden we dat elk kwartier, maar hoe vaker we weg waren, hoe meer de kaarten ons gingen vervelen.

Het was een lange dag geweest. In het begin van de middag speelden we gelijk tegen België, ervoor en erna gebeurde weinig. Een toernooi was niet meer dan rusten, kaarten, wedstrijd spelen, eten, de angst voor een dopingtest, en dat elke dag opnieuw. Het was volgens het programma van de bondscoach al even bedtijd. Dennis en ik keken een nagesynchroniseerde film op onze kamer, allebei vanaf ons eigen bed. De lucht in onze slaapkamer was verzadigd en rook naar wasmiddel. Het raam stond open, de airco blies koude lucht de kamer in.

'Snap jij er wat van?' vroeg Dennis.

'Weinig, ik heb maar een jaar Duits gehad.'

'Ik heb wel Duits, maar snap er echt geen fuck van.'

'Zullen we wat anders kijken? Of het licht uitdoen en tukken?'

'Het maakt me niet uit. Hoe laat is het eigenlijk?'

'Net over twaalf, maar ik ben nog helemaal niet moe.'

'Wat wil je dan?'

'Ik kan wel even kijken of er wat anders op tv is.'

Hij ging van bed, liep naar het toestel, drukte op wat

knopjes onder het scherm. Een talkshow, een spelprogramma, een andere film, porno.

'Is dit wat?'

Ik keek op van mijn telefoon. Hij had zijn hand al in zijn broek.

'We zitten hier nu al zo lang. Heb jij je al stiekem afgetrokken?'

'Wanneer had ik dat moeten doen?' zei ik. 'Het enige moment dat we even alleen zijn is op de wc.'

'Dan, bijvoorbeeld. Maar niet dus?'

'Nee. Jij wel?'

'Nee, maar eigenlijk heb ik er wel zin in. En dit is niet slecht, toch?'

Hij kroop weer op zijn bed en ging rechtop tegen het kunstlederen hoofdbord zitten.

'Die Puck is zo'n lekker wijf. Heb je die tieten gezien?'

Ik legde m'n telefoon op het nachtkastje, tussen de kaarten, en ging ook rechtop tegen de beige boarding zitten. 'Was me nog niet opgevallen.'

'Gast, echt niet? Hoe dan? Als ze over het veld rent, die tieten schommelen als een malle.'

Zijn ogen waren gefixeerd op het scherm, die van mij op hem. We praatten niet langer. Hij zat naakt op zijn bed, ik op dat van mij. De neplederen achterwand plakte aan onze huid.

'Denk je aan Charlotte?'

Ik dacht niet aan Charlotte. Ik dacht alleen aan hoe we van die nagesynchroniseerde film bij een pornofilm waren beland, en hoe Dennis, op een meter afstand, zich aftrok. Ik probeerde zijn ritme aan te houden, alsof we het samen deden, zodat het geluid van de boarding resoneerde.

'Trek je je wel eens met links af?'

'Nee?'

‘Moet je eens doen, dan lijkt het net of iemand anders het doet.’

Ik wisselde, en fantaseerde hoe mijn hand veranderde in die van hem. Nee, wacht, dat mocht ik niet denken. Denk aan Charlotte, denk aan Charlotte. Even zag ik haar voor me, maar het beeld was vluchtig en verdween binnen luttele seconden. Ik zag hem weer, naast me, de pezen in zijn armen gespannen, en daarna weer Charlotte. De beelden flitsten door mijn hoofd. Dennis, Charlotte, Dennis, Charlotte, Charlotte, Dennis, Dennis, Dennis.

‘Ik kom.’

Ik keek naar links, zag hem klaarkomen, en daarna kwam ik ook. Geruisloos.

‘Tering, dat was lekker. Ik heb hier geen handdoek, jij wel?’

‘Nee, even wassen.’

Hij veegde zijn pik af aan zijn handen en trok zijn boxer weer aan. Daarna liep hij langs de tv, klikte het scherm uit en waste zijn handen in de badkamer. Roomwitte klodders gleden van zijn handen in het water en kolkten traag richting het putje. Die van mij gingen erachteraan.

WE KWAMEN AAN in Wenen, bij een hockeyclub in het Praterpark. Alles was anders dan in andere landen waar we tot dan hadden gehockeyd. In Duitsland waren de clubs exorbitant rijk, met sauna's en bubbelbaden in de kleedkamers. In België zag je dat soms ook, maar in Oostenrijk was de sport kleinschalig. Er lag maar één veld, het clubhuis leek op een net iets te gezellige, voormalige Sovjet-hut waar kozijnen in waren geplaatst.

Ik sliep niet meer met Dennis op de kamer. Na het Europees kampioenschap zou ik Hurley verlaten om bij Bloemendaal te gaan spelen, de club waar de bondscoach de leiding had, en ik wilde alvast met een toekomstige teamgenoot mijn kamer delen. Dat was overigens niet de enige reden. Ik was ook bang dat het weer zover zou komen, hoezeer ik er ook naar verlangde. Ik moest het wegstoppen om nooit meer in de verleiding te kunnen komen. Het zou niet bestaan, het mocht er niet zijn, ik moest het laten verdwijnen.

Het was begin juli, in de week van het EK zou het kwik overdag niet onder de dertig graden duiken. Ik was fit, dat gold voor ons allemaal. Maar het was een dunne lijn, tussen dit fitheidsniveau en overbelasting. In de voorbereiding, op de eerste training in Wenen, kwamen twee teamgenootjes in botsing. Een van hen scheurde zijn meniscus – einde toernooi, nog voordat het was begonnen. We waren gewaarschuwd.

Voor het eerst had ik het gevoel alsof de groep naar elkaar toe was gegroeid, iedereen zichzelf durfde te zijn. Bijna iedereen, althans. De rest noemde me 'volwassen' of 'serieus'. Zolang ze dat geloofden was het goed.

Ik was gefocust, klaar voor het EK. Daarna zouden we wel verder zien. Toch werd ik steeds weer aan het wankelen gebracht. Door de Belgen die op dezelfde hoteletage verbleven, en met wie ik meer verbondenheid voelde dan met de meeste jongens uit Oranje. Door mijn teamgenoten, die elkaar beloofden elkaar te pijpen als ze scoorden. Of dat puberpraat was of daadwerkelijk gebeurde, weet ik niet. Ze deden in elk geval alsof het had plaatsgevonden, en dat was voor mij genoeg om van slag te raken.

'Flip kan teringlekker pijpen, ouwe.'

'Olivier, gozer, we hadden afgesproken dat je dat niet zou zeggen.'

'Dan weet de rest dat in elk geval ook, kunnen ze ook een weddenschap met je aangaan.'

'Ik sluit alleen weddenschappen met jou af, dat weet je toch.'

'Je houdt zo van mijn piemel, hè?'

Zij konden zeggen van wel, zonder dat iemand twijfelde aan hun geaardheid. Mannen onder elkaar, lachen. De bondscoaches zagen het gebeuren, lieten het gebeuren. Ook zij moesten zo met hun teamgenoten zijn omgegaan, vroeger. Het hoorde er nou eenmaal bij. Topsport is een wereld van excessen. We sloopten ons lichaam, persten onze ziel uit als een vrucht. Het ging er niet om hoe we ons doel behaalden, als we het maar haalden, het heiligde elk middel. De groep was belangrijk, maar de individuen binnen de groep vonden zichzelf belangrijker. Het ging erom dat jij het naar je zin had, dat jij optimaal kon presteren, dat jij je op je gemak voelde. En de ander? Dat was de ander.

We wonnen van Oekraïne en Rusland. De wedstrijd tegen Oostenrijk werd na twintig minuten stilgelegd door een blikseminslag, een paar honderd meter van het hockeyveld. Een vrouw die onder een boom stond te schuilen werd dodelijk getroffen. We werden de Sovjet-hut binnengehaald en stonden een halfuur te wachten tot het onweer wegtrok. Het water bleef komen en gutste over het kunstgras. De wedstrijd werd een dag verplaatst, we wonnen. Als groepswinnaar plaatsten we ons voor de finale tegen België.

De finale ging gelijk op, maar met rust stonden we toch twee doelpunten achter. De Belgen waren effectiever. Het lukte me om uit mijn hoofd te blijven, om lichaam en geest samen te laten vallen op het moment dat het er echt om ging. Drie tabletten druivensuiker, twee paracetamol, ibuprofenzalf en tape – dat bleek opnieuw de rake formule. We maakten gelijk, er kwamen shoot-outs – een soort hockeypenalty's, maar dan net anders – en wonnen goud.

Floris rende over het veld met een rood-wit-blauwe vlag, de rest achter hem aan. Hij trok zijn shirt uit en zwaaide ermee boven zijn hoofd. Mijn kramp leek verdwenen, alsof die nooit had bestaan. We gleden op onze buik, mijn shirt kapot, en renden naar onze ouders. Ik viel in hun armen. Mijn vader links, mijn moeder rechts, ik achter het hek, mijn hoofd tussen hen in.

We kregen om beurten een medaille aan een rood-wit koord omgehangen door iemand van de Europese hockeyfederatie, zoals we allemaal op tv wel eens hadden gezien. We zongen tot onze stemmen schor klonken. Douchten uren, met 'We Are the Champions' uit de geluidsinstallatie in de herhaling. Alsof dat armzalige clubhuis in Wenen voor even het centrum van het universum was geworden.

Ik was de laatste die onder de douche ging, alleen Douwe stond er nog. Ik was gek op Douwe, zoals ik vaker verliefd kon worden van vriendschap. We knuffelden elkaar kort, hielden elkaar naakt vast terwijl de koude douche zich over ons uitstortte. Het was liefdevol en vriendschappelijk, zoals ik niet wist dat twee mannen ooit liefdevol of vriendschappelijk met elkaar om konden gaan.

De enige keer dat een soortgelijke situatie zich had voorgedaan was een paar weken voor ons vertrek naar Wenen, toen ik na een trainingskamp werd geknuffeld door Stefan, een andere teamgenoot, omdat ik een goede laatste oefenwedstrijd had gespeeld. Maar toen we eenmaal als laatsten overbleven onder de douche, sloeg het om.

'Pijp me dan,' zei Stefan. Hij greep naar zijn half stijve pik en trok zijn voorhuid naar achteren. Ik keek hem aan. Wantrouwend. Ik wilde wel, maar wist niet of het een hinderlaag was. Of het de bedoeling was dat ik op mijn knieën zou gaan, hij erom zou lachen, om me vervolgens belachelijk te maken ten overstaan van de groep. Ik snapte zijn bedoeling niet. Of hij het echt wilde, of het deed om me te ontmaskeren. Stefan zag het. 'Pik, het is maar een grapje, hè?' We wisten allebei dat dat niet de waarheid was.

Douwe was anders dan Stefan. Lieflijker, trouw. Bij hem voelde ik me veiliger dan bij de rest van het team, maar niet veilig genoeg om te zeggen wat er in me omging. Zou hij me ook zo vasthouden als hij het wist? Vast niet, dacht ik.

Die avond werden we dronken bij Strandbar Herrmann, bij een kampvuur in het zand aan een vertakking van de Donau. Ik was niet eerder dronken geweest, zoals zoveel van ons nog nooit dronken waren geweest.

TERUG UIT WENEN was ik voor even wereldberoemd in Badhoevedorp. Ik stond in de lokale krant, werd gevraagd om langs te komen bij hockeykampen om handtekeningen uit te delen, werd gehuldigd door de voorzitter van mijn nieuwe club Bloemendaal. Ik deed het allemaal voor de erkenning, voor de bevestiging dat ik goed genoeg was, voor het gevoel dat mijn bestaan zin had.

Het is moeilijk een specifieke oorzaak aan te wijzen, maar de paar weken na het goud veranderde er iets. Een of soms twee keer per week zat ik met Dorian en Tjalle in een Ierse pub, geflankeerd door prenten van rugbywedstrijden en een zwart-witfoto van Amy Winehouse. Ze keek verward, tuitte haar lippen, wees naar een tatoeage op haar arm. Een hoefijzer.

De Ierse pub was alles wat ik niet was. Ruig, vies. De tafels roken naar opgedroogde Guinness, ze plakten. We speelden er spelletjes, werden vrienden met vreemden die we daarna nooit meer zagen. Ze draaiden er muziek die we niet kenden, maar aan het eind van de zomer mee konden zingen. Jake Bugg en Arctic Monkeys. We dronken stout en whisky. Al vonden we dat eigenlijk helemaal niet lekker.

Ik zag ertegen op dat het hockeyseizoen weer zou beginnen, en wilde dat het voor altijd zomer was, we avond na avond aaneen zouden rijgen aan de plakkende tafels. Ik zag er de wereld anders, zolang mijn hart maar genoeg alcohol door mijn bloedbaan pompte. De avond met Oranje bij Strandbar Herrmann had me duidelijk gemaakt dat er een andere wereld bestond dan die ik al kende, een wereld die zich alleen openbaarde met een slok op. Het was de wereld die je in Amy's holle blik leek te zien. Een plek waar geluk en treurnis elkaar kruisten, daar waar het draaide om het moment. Wat was het waard iets te doen waar je niet gelukkig van werd, als alles eindig was? Wat had het leven dan überhaupt voor zin?

Juist omdat Tjalle, Dorian en ik niet in de pub pasten, pasten we er goed. We staken af tegen de rest – drie jonge jongens zonder baardgroei of tatoeages. Daar maakte niemand dat iets uit. Het voelde als een vergaarbak van drop-outs, en daardoor was iedereen gelijk. Binnen waren we even geen sporters, niemand vroeg hoeveel medailles er op je nachtkastje lagen, naar je vetpercentage of je snelste rondetijden. Niemand kon het wat schelen. Het waren die momenten dat ik loskwam, kon onthechten, en van een afstand leerde kijken naar waar ik me eigenlijk mee bezighield. Hoe serieus ik sport de afgelopen jaren had genomen, terwijl het eigenlijk al die tijd een spel was gebleven.

'Mannen, een serieuze vraag,' zei Dorian.

'Nu komt het, hoor. Dor komt uit de kast,' zei Tjalle.

'Doe normaal, ik heb een serieuze vraag. Denken jullie dat je het verschil zou voelen tussen orale seks met een man of met een vrouw?'

'Ouwe, wat is dat nou weer voor vraag?'

'Ik denk het niet,' zei Dorian.

Ik nam een slok van mijn bier.

'Tuurlijk voel je dat wel. Een gast heeft toch baardgroei en zo,' zei Tjalle.

'Ik zie bij jou geen stoppels.'

‘Nee, ik niet, maar de meeste mannen. Tuurlijk voel je dat.’

‘Ik denk het niet,’ zei ik.

‘Twee tegen een. Tjal, jij wilt beweren dat als je een deken over iemands hoofd trekt, en je niet weet wie het is, je zou kunnen voelen of het een man of vrouw is?’

‘Dat denk ik.’

‘Zou het uitmaken?’ vroeg ik.

‘Of ik het verschil voel?’

‘Nee, of het een man of vrouw is.’

‘Gast, tuurlijk maakt dat uit.’

‘Hoezo dan, als je het toch niet voelt?’ vroeg Dorian.

‘Ik zou het verschil wel voelen.’

‘Wedden van niet.’

‘Wedden van wel.’

De weddenschap werd nooit een weddenschap. Dorians vraag had ik mezelf nooit gesteld. Zover was ik nog niet.

HET WAS AUGUSTUS, en Pride-week. Tjalle en ik hadden knalroze, mouwloze wedstrijdshirtjes geregeld van een professioneel damesbasketbalteam bij ons op school. We stonden op een gammel roeibootje aan de Prinsengracht te springen, we maakten water.

'Give it up for the new gay couple,' galmde uit een speaker van een langsvarende reddingssloep. Er werd een hand uitgestoken, Tjalle pakte die aan, en toen stonden we aan boord. 'Give it up, everybody, give it up.'

De kale, ietwat gezette veertiger met microfoon en kapiteinspet hield even stil. 'Hoe heten jullie?'

'Pepijn en Tjalle.'

'En jullie zijn een setje?'

'Nee.'

'Tjalle en Pepijn, ze weten het zelf nog niet, maar het nieuwe gaykoppel is aan boord, dames.'

We kregen een biertje in onze handen gedrukt, en een pet op ons hoofd.

'Ik ben Abel, en die mooie man aan het stuur is Milo. Miel, zwaai even naar die jongens.'

Milo gaf het roer over, en liep langs de rand van de boot onze kant op. 'Hé, mannen, Jelle en Pepijn, toch?'

'Tjalle,' zei Tjalle.

'Leuk dat jullie er zijn. Vinden jullie het ook wel leuk?

Ik bedoel, we trokken jullie gewoon maar van dat bootje af. Anders zouden jullie misschien zinken. Eigenlijk moeten jullie ons heel dankbaar zijn, we hebben jullie leven gered. Abel, ik denk dat we wel een kus hebben verdiend van de jongens. Toch?'

'Dat ligt er een beetje aan hoe oud jullie zijn,' zei Abel.

'Zestien.'

'Dan mag het wel, maar alleen als jullie instemmen. Toch, Abel?'

'Jij bent de jurist.'

'Jij de partner.'

'Never mind, fijn dat jullie er zijn. Pak gerust bier of champie, of wijn, alles wat jullie hartje maar begeert vinden jullie in de koeling.'

Ik maakte een selfie, in mijn roze basketbalhemd met de kapiteinspet licht gekanteld op mijn hoofd, mijn mond wijd open. 'Gay voor een dag', zette ik eronder, en ik verstuurde de foto naar mijn vrienden. We dansten tot onze schaduwen zich steeds verder uitstrekten over het water, totdat ze oranje kleurden en langzaam maar zeker vervaagden.

Maar Tjalle was nog niet klaar. We moesten en zouden nog even uit, het liefst in de Lange Leidsedwarsstraat, daar stond hij op. We stapten van de sloep in het gammele roeibootje, en daarna strompelden we over de Prinsengracht, door de Leidsestraat, naar de Bubbels. We waren vijf jaar jonger dan de minimale leeftijd.

'Houd je identiteitskaart gereed, allemaal,' riep de uitsmijter naar de rij. 'Behalve als je een dame meebrengt, dan mag je hem in je portemonnee houden. Mannen, ID.'

'Heb ik niet bij me, meneer,' zei ik.

'En jij, kwibus?'

'Ik ook niet.'

'Dan gaat het feest niet door. Fijne avond.'

‘Maar, het is toch Pride?’ vroeg Tjalle.

‘Dus? Wat heb ik daarmee te maken?’

‘Hij is mijn vriend, mogen we niet samen naar binnen om de Pride te vieren?’

De uitsmijter keek argwanend. ‘Bewijs het dan, op zijn minst. Zoen elkaar.’

‘Die roze shirtjes zeggen toch genoeg?’

‘Niets mee te maken. Zoen elkaar om het te bewijzen, dan mag je erin.’

Tjalle keek me aan, kuste me op mijn mond. ‘Nou goed?’

‘Als je dat zoenen noemt, ben je zeker nog niet oud genoeg, en is het zeker niet je vriend. Waar was de tong?’

Ik keek naar Tjalle, hij keek zenuwachtig terug, met een frons tussen zijn wenkbrauwen en vertwijfeling in zijn blik.

‘Nou, komt er nog wat van? Er willen meer mensen naar binnen.’

Ik drukte mijn lippen tegen die van hem en liet mijn hoofd naar rechts vallen, hij naar links. Onze tongen raakten vervlochten, draaiden om elkaar heen. Ik voelde mijn huid tintelen, mijn bloed prikkelen in mijn aderen. Alsof alles klopte, het zo hoorde, en nog nooit zo was geweest.

‘Gadverdamme, vieze flikkers. Nou, hup, kappen nu, en naar binnen. En binnen wil ik het niet zien, hè? Het mag dan misschien Pride zijn, kontenbeukers hoeven we hier niet. Mafkezen.’

ER KWAM EEN eind aan de zomer waarvan ik hoopte dat er nooit een einde zou komen. De pub bleef, elke zaterdagnacht zaten we op dezelfde plek, met nieuwe vreemden tussen de posters en naast Amy. Eerder op de dag speelde ik mijn wedstrijden in het deftige oranje van hockeyclub Bloemendaal.

Bij mijn vorige club was ik met slaande deuren vertrokken. Ik trainde al twee seizoenen met het eerste team van Hurley mee en wilde definitief de stap maken, al kon ik nog twee jaar mee in de jeugd. De technisch directeur zag het niet zitten, we kregen ruzie, ik vertrok. Bloemendaal werd mijn derde club in tien jaar tijd, weer een nieuw begin. Mijn vader reed me het eerste seizoen twee keer per week op en neer naar de trainingen, en op een derde dag ook nog naar Oranje in Zeist. De andere training ging ik zelf met de trein. Er stond een fiets op het station met een gebroken trapas, die ik op een dag vond op het station van Haarlem. Hij deed het nog prima.

Ik voelde me voor het eerst thuis bij een club. Hockey was hier meer dan sport of spel, een sociaal-culturele bedoeling die de rangen en standen in het dorp bepaalden. Ik voelde me vooral thuis omdat ik daar geen onderdeel van uitmaakte, alleen kwam trainen en weer vertrok. Zo konden mijn leven en topsport naast elkaar bestaan. Als ik naar huis ging was hockey er even niet, tot ik me de volgende dag weer ergens moest melden.

Na een maand mocht ik mijn opwachting maken in de hoofdmacht. Drie Australische internationals moesten zich melden bij hun bondscoach in Perth, en ik werd door de Engelse hoofdcoach van Bloemendaal geselecteerd voor de uitwedstrijd tegen Voordaan. De week voorafgaand aan mijn debuut trainde ik met het eerste team in plaats van met mijn eigen team.

De kleedkamer van het eerste was klein en hokkig, zoals alle andere kleedkamers in het oude, houten clubhuis. Het middelpunt was een winkelwagentje dat tot ver boven de rand was gevuld met ballen, hesjes en pionnen. Voor mij heilige grond, de Klaagmuur onder de kleedkamers. Aan de muur hingen posters van naakte vrouwen en foto's van uit de hand gelopen feestjes. Uitspattingen die alleen bedoeld waren voor intimi.

'Boys, dit is Pepijn Keppel, hij doet dit weekend mee,' zei de coach. Hij gaf me een klap op mijn kont en een knipoog.

De heren joelden en gaven me high fives, zeker de helft van hen had olympische ringen op zijn borst of arm getatoeeerd. Een kleedkamer met de beste hockeyers ter wereld, en ik was onder hen. Ik zette mijn tas op de vloer en ging op de hoek zitten, bij de deur.

'Zo, jij durft,' zei Laurens.

'Wat?'

'Dat is de plek van Teun. Ik zou maar snel een andere plek uitzoeken voordat hij er is.' Ik keek rond. Alle plaatsen waren vergeven. In de topsport werd geen ruimte gemaakt, je moest je ellebogen gebruiken – ik hoorde mijn psycholoog me toespreken. Ik hield me met een hand vast aan het winkelkarretje, balanceerde op een been, om mijn lange trainingsbroek over mijn hockeyschoenen heen te trekken.

Mijn tas duwde ik onder een van de kleedkamerbanken.

'Hé, Peppel, of Keppel, of weet ik het, vergeet je niet wat?' riep een van de heren me na toen ik de kleedkamer wilde verlaten.

'Namelijk?'

Bink, een andere international, schoof met zijn voet een bidonkrat in mijn richting. 'Die moet gevuld.'

Ik pakte het krat, liep richting de wc's en vulde elke bidon tot de rand met water, draaide de dop er weer op. De deur ging open. 'Je hebt ze wel even omgespoeld, toch?' zei Bink.

'Moet dat?'

'Ja, dat moet, ja. Ik ga even pissen. Schiet je op? De training begint bijna.'

Ik gooide de bidons leeg en vulde ze opnieuw. Daarna dribbelde ik door de gang van het clubhuis richting het veld. De coach was al aan zijn openingspraatje begonnen. Ik zette het krat boven op het clublogo, bij de poort die het veld scheidde van de tegels, en rende zijn kant op.

'Ah, daar zul je hem hebben. Pepijn, kom er snel bij, we waren al begonnen,' zei de coach. 'Boys, ik zei het net al even in de kleedkamer. Pepijn speelt in de jeugd en zal dit weekend meedoen tegen Voordaan. Zorg ervoor dat hij zich op zijn gemak voelt, we hebben hem dit weekend zeker nodig.'

De training was zwaar, veel zwaarder dan ik gewend was in mijn eigen team of in de Oranje-jeugd. Ik werd voorbijgelopen door Teun de Nooijer, buitenom, alsof hij een extra paar benen had en ik geen. Soms hoorde ik gelach, na een ongelukkige pass, of als ik een bal niet aannam. Er werd net zo gescholden als bij mijn eigen team, alleen dan wat minder frequent.

'Wát een gaybal. Je bent toch geen mietje, knijpen in je stick.'

'Gast, ben je gay of zo, blijf van me af.'

'Je moet wel heel gay zijn om die bal naast het doel te krijgen.'

'Doe niet zo gay, ouwe.'

Ik probeerde het niet te horen. Toch stierf er telkens iets. Verman je, sprak ik mezelf toe, verman je, godverdomme. Als je dit wilt, als je bij de top wilt horen, moet je mannelijker, grootser zijn. Alleen dan is er plek. In de pas, om elkaar lachen.

We reden dat weekend naar Groenekan, naar Voordaan. Een wedstrijd waarin een scorebordjournalist nog voor het fluitsignaal een monsterzege voor Bloemendaal verwachtte. Maar we speelden slecht, kwamen pas in de negenenvijftigste minuut op voorsprong. Tot dan had ik nog geen minuut gespeeld. Ik zat met een wollen dekentje over mijn benen en een oranje trainingsjack over mijn schouders op de bank te wachten, tot de coach naar de bank zou zwaaien en zou vragen of ik warm wilde lopen. De minuten tikten weg, nog elf te gaan tot het laatste fluitsignaal. Drie minuten later werd de voorsprong uitgebouwd, weer twee minuten later scoorden we opnieuw. Nog zes minuten. Ik had mijn debuut al uit mijn hoofd gezet toen de coach zijn hand weifelend in de lucht stak. 'Pepijn, kom maar.'

Ik stond op, ritste mijn jack uit, en stond koud binnen de lijnen. Het waren een paar minuten. We scoorden nog twee keer, maar dat was geen reden tot feest. Onderschatting was de oorzaak van onze zwakke prestatie, zei onze spits tegen het sufferdje. Was er dan nog een lichtpuntje?

'Jawel. Junior Pepijn Keppel mocht zijn debuut maken in de hoofdmacht. Een talent waar we meer van gaan horen.'

MELLE, WIENS VADER zelfmoord had gepleegd en met wie ik in Oranje speelde, was van Groningen naar Amsterdam verhuisd en ook bij Bloemendaal komen hockeyen. Samen reden we in de chocoladebruine Fiat 500 van mijn ouders vier keer per week naar de club. De coach noemde ons na verloop van tijd 'billenmaatjes'. Vanwege de tijd die we samen doorbrachten, dachten we. Melle en ik groeiden naar elkaar toe, maar werden nooit echt vrienden. Hij hield me op afstand. Eigenlijk leek hij zo min mogelijk met me te maken te willen hebben, maar voor het vervoer was hij tot mij veroordeeld. We deelden iets, maar voor dat iets hadden we de woorden nog niet.

Melle en ik fietsten samen door het Vondelpark naar het Centraal Station, waar we Jean troffen, de broer van een andere jeugdinternational. Jean hockeyde ook, in Bilthoven. Jean en ik kenden elkaar vaag, via zijn broer en sociale media, en onderhielden regelmatig contact. We ontmoetten elkaar op het perron met een knuffel. Melle gaf hem een hand.

Het was koud en nat, de bomen waren kaal, de winterstop stond voor de deur. Melle en ik waren op de fiets zo natgeregend dat onze broeken zich vacuüm hadden gezogen aan onze bovenbenen. Op Bloemendaal werden beruchte hockeyfeesten georganiseerd, daar was Jean voor uit Bilthoven gekomen. Er was een dj ingehuurd die hitjes afwisselde met klassiekers, onze trainers stonden achter de bar. We kregen zoveel gratis bier toegeschoven dat het doel leek om zo min mogelijk winst te maken.

Ik raakte ze kwijt, Melle en Jean, duwde de deur van de kantine open en trippelde de trap af, naar de begane grond. De plotselinge overgang van broeierig naar fris deed mijn hoofd duizelen, mijn oren suizen. Ik zag wazig, het draaien stopte niet. Zo dronken was ik nooit eerder, dacht ik. Ik liep naar de wc's, sloot mezelf op, probeerde te spugen, maar dat lukte niet. Deur open. Ik waste mijn gezicht bij de kraan waar ik normaal de bidons omspoelde en weer vulde. Ik keek op mijn horloge. Halftwaalf. We moesten bijna weg, anders zouden we de laatste trein naar Amsterdam niet halen.

Ik strompelde door de gang, langs de trap, naar buiten. Er stonden wat teamgenoten in T-shirt te roken.

'Kep, wat is er?' vroeg een van hen.

'Ik zoek Melle.'

'Die liep net hier de hoek om.'

Hij wees richting de fietsenstalling, achter het clubhuis. Ik liep om het muurtje, naar de fietsen. Daar stonden Melle en Jean in het donker te zoenen. De gulp van Jean stond open, Melles hand in zijn broek. Jean trok net de sluiting van Melles spijkerbroek open. Ze merkten niet dat ik er was, tot ik er was. Jean zoende me, en bewoog zijn hand in Melles broek op en neer. Ik zoende hem, Melle stak zijn hand in mijn broek. Zo stonden we, minutenlang, in een driehoek. We wisselden af, om beurten zoenden we de een en dan de ander, ruilden van pik. Tot de muziek in het clubhuis stopte en we vlug onze broeken dichtritsten, op de fiets sprongen en wegreden alsof er niets was gebeurd.

Jean zat achterop, op de fiets met de gebroken trapas. Melle fietste bij ons weg. Ik kon niet harder, de as kraakte bij elke omwenteling.

'Gozer, hoezo heb je me niet verteld dat Melle kankergay is?'

'Hoe moest ik dat weten?'

'Dat wist je wel.'

'Nee, oprecht niet.'

'Ik geloof er geen reet van.'

Jean klemde zijn armen om mijn heupen en hield met zijn rechterhand de hele weg mijn pik vast. We kwamen aan bij het station. Ik zette mijn fiets vast aan die van Melle. Jean zoende ondertussen met Melle in de gele NS-verlichting. We liepen de trap af en onder het spoor door, naar het perron waar de trein richting Amsterdam zou aankomen. Melle ging drie bankjes verderop zitten. Toen de trein er was stapten we in andere wagons in.

'Wat is er met hem aan de hand?'

'Weet ik het.'

Ik dommelde met het denderen van de trein weg, en raakte in een halfslaap.

Het Centraal Station was 's nachts nog mooier dan overdag. We liepen door de slecht verlichte gangen, over het plein naar de fietsenstalling. Daar begon de tocht naar Badhoevedorp. We slingerden over het Singel en de Nassaukade, reden het Vondelpark in bij het Leidseplein. We rolden de heuvel af, het donkere park in. Ter hoogte van het viaduct bij de Eerste Constantijn Huygensstraat graaide hij weer in mijn broek. 'We zijn over een halfuur in Badhoevedorp,' zei ik.

'Vind je het niet fijn?'

'Jawel.'

Zijn handen waren koud. Desondanks werd ik weer opgewonden. Ik liet mijn linkerhand los van het stuur en voelde in zijn broek, die hij al open had geknoopt. Zijn onderbroek was nat. Ik trok mijn hand terug en stuurde de fiets de bosjes in, tegenover de uitgang bij het Emmaplein, ter hoogte van het Amsterdams Lyceum. De fiets zette ik op zijn standaard. Jean dook op me. We zoenden tussen de gevallen bladeren, ik likte aan zijn eikel, het voorvocht – zoet – en stopte zijn pik in mijn mond. De fiets viel om, de ketting kletterde tegen de kast.

'Kom, laten we gaan, we liggen hier veel te lang. Straks komt er een zwerver of zo. Dit maken we zo wel af,' zei hij.

Er zat modder op onze jassen. We stapten op, reden weg, en vielen een paar honderd meter verder. Zijn vinger kwam tussen de spaken. Het bloed gutste uit de wond, over zijn broek, over zijn schoenen.

'Fuck, je vinger.'

'Tyfus, kut.'

Hij stopte zijn vinger in zijn mond en maakte een wapperende beweging met zijn andere hand.

'Kom, fiets.'

In Badhoevedorp was het bloeden gestopt. We slopen de trap op, langs de kamer van mijn ouders, naar zolder. Hij trok zijn broek en shirt uit, en liet die liggen op een hoopje. Ik kroop naast hem in bed.

'Ik ben moe, zullen we gewoon gaan slapen?' zei hij.

'Laten we dat doen. Ik ben ook gesloopt.'

Midden in de nacht maakte hij me wakker door zijn pik tegen mijn kont aan te duwen. We zoenden, vreeën en kwamen klaar in elkaars mond, en herhaalden dat totdat we niet meer klaar konden komen.

De volgende ochtend werden we wakker onder een wit laken met rode vlekken. Overal zaten vlekken. Diep, donkerrood. Zo rood dat het bijna bruin leek. Het was door de lakens gelekt, in mijn deken getrokken, in het matras.

'Straks denken ze nog echt dat we seks hebben gehad,' zei ik.

'Nee joh, we vertellen gewoon dat we zijn gevallen. Dat is toch ook wat er is gebeurd?'

We zaten aan het ontbijt met mijn ouders. Ze hadden croissantjes afgebakken uit zo'n rolverpakking, en jus d'orange gemaakt. Ze wisten dat Jean zou blijven slapen, hij was aangekondigd. Als vriend. Misschien hadden ze geen argwaan, of geloofden ze wat we zeiden. Ze zagen in elk geval geen reden om aan ons verhaal te twijfelen. Al leek mij daar genoeg aanleiding toe.

IK MOEST ME in het Universitair Medisch Centrum in Utrecht melden voor een medische keuring. We waren ruim op tijd, maar het ziekenhuis had een hoog doolhofgehalte en dus kwamen we vlak voor de afspraak pas aan bij de juiste poli. Mijn moeder bleef achter in de wachtkamer, de arts liep voor me uit. Er kwam lucht onder haar witte doktersjas, alsof ze een cape droeg. Ze stopte bij een deur, liet me voor en ging achter haar bureau zitten. 'Weet je een beetje wat de bedoeling is, vandaag?'

'Geen idee.'

'Laten we dat dan even eerst bespreken. Ik ga zo meteen allerlei vitale functies nalopen, voornamelijk onderdelen van het vasculaire, cognitieve en respiratoire systeem. Ik heb niet de tijd allemaal uit te leggen wat dat betekent, anders zit je moeder hier morgen nog. Eerst even wat basisgegevens noteren. Die heeft de hockeybond al aan je doorgestuurd, als het goed is, dus daar kunnen we snel doorheen. Wat is je sportbelasting?'

'Ik train vier dagen per week bij mijn club, waarvan één krachttraining, en in het weekend een wedstrijd.'

'En dan nog de nationale ploeg, toch?'

'Ja, dat is dan nog een dag, waarop we twee keer trainen.'

'Dus in totaal vijf trainingsdagen en een wedstrijddag, met soms meerdere trainingen op een dag?'

'Klopt.'

'En je totale belasting, niet alleen sport? Dus je sport, school, reizen naar hockey – hoeveel tijd ben je daarmee kwijt?'

'Achtenveertig uur.'

'Oké, dat is behoorlijk veel voor een jongen van bijna achttien.'

'Vergelijkbaar met anderen, denk ik.'

'Nou, nee, dit is wel aan de hoge kant. Komen we zo op terug.'

'Heb je ziektes of aandoeningen?'

'Bronchitis, op jonge leeftijd.'

'Blessures?'

'Vingers gebroken, topje van mijn pink verbrijzeld, en een breukje in mijn voet door overbelasting.'

'Heb je nog restklachten?'

'Vooral aan mijn handen. Het topje van mijn pink doet 's winters vooral pijn, als het koud is, dan voelt het niet als mijn pink.'

'Hm, misschien toch wat zenuwschade. Medicatie?'

'Voedingssupplementen, een speciale neusspray tegen allergie, en nog wat allergiepillen. Allemaal goedgekeurd door de Dopingautoriteit.'

'Top. Dan ga ik je even lichamelijk onderzoeken. Trek alles maar uit, op je onderbroek na.'

Ze luisterde met een stethoscoop naar mijn hart en longen, klopte met haar hand op mijn buik en rug. 'Die belasting, hè? Is het niet wat veel soms?'

'Nou, soms.'

'Een jongen van jouw leeftijd hoort niet achtenveertig uur bezig te zijn, natuurlijk.'

'Tja, dat hoort bij topsport.'

'Dat hoeft niet bij topsport te horen. Maar vertel eens, op

welke manier is het soms te veel?'

'Ik loop al een tijdje bij een sportpsycholoog.'

'Kom maar even van de tafel, dan meet en weeg ik je. Ga maar daar op de weegschaal staan.'

De naald op de weegschaal schoot uit, van links naar rechts, en bleef hangen op eenenzeventigenhalve kilo.

'Keurig. En nu even recht tegen de muur, met je hielen. Een meter eenentachtighalf. Zelfde als de vorige keer, ben je misschien toch uitgegroeid.' Ze pakte een tang voor het meten van mijn vetpercentage, en kneep op verschillende plekken huid samen. Onder mijn schouderbladen, oksels, boven mijn heupen, op mijn triceps. '8,3 procent. Keurig, hoor, netjes onder de limiet van twaalf. Kom maar weer op de tafel, dan kijk ik even je reflexen na, en dan nog je longcapaciteit en ECG. Die sportpsycholoog, waarom ben je daar onder behandeling?'

'Het is me soms allemaal wat te veel.'

'Op welke manier?'

'Ik heb wel eens het gevoel dat ik overbelast ben. Niet fysiek, maar mentaal. Alsof ik moe ben, futloos.'

'Heb je dan ook weinig zin om dingen te ondernemen?'

'Ja, ja.'

'Vind je het goed als ik het opneem in je dossier? Ik ben geen psycholoog, maar het lijkt me belangrijk om er een notitie van te maken, dan is de hockeybond ook op de hoogte.'

'Tuurlijk.'

'Dan mag je nu heel diep inademen, en zo lang als je kunt uit. Blazen, blazen, blazen, blazen, blazen, blazen.'

Piep.

'Als laatste plak ik even wat stickers op je borst, voor het hartfilmpje.'

Ze drukte groen-blauwe plakkers met draden aan me vast, zoals ik in films wel eens zag. Dit was de enige test waarop je als sporter kon worden afgekeurd. Ik werd stil.

'Gespannen?'

'Ja.'

'Nergens voor nodig. Gewoon rustig zitten, we zijn zo klaar.'

Piep.

'Zie je, dat was het al. Ik zie geen gekke dingen, hoor, die zorgen zijn nergens voor nodig. Je mag je weer aankleden.'

'Krijgt de bondscoach dit verslag ook te zien?'

'Dat weet ik niet. Er gaat wel een kopie naar de bond, maar er lijken geen noemenswaardige bezwaren te zijn om je aan de kant te houden. Goed nieuws, toch?'

'Fantastisch.'

Mijn moeder reed ons naar huis. Een paar weken later kwam er een brief.

> *Deze bijna 18-jarige hockeyer is in goede algemene gezondheid. In deze test worden geen medische bezwaren geconstateerd tegen intensieve sportbelasting.*

En verderop, onder 'aandachtspunten':

> *Pas op voor overbelasting; neem voldoende tijd voor rust en herstel. Let daarbij op tekenen van overbelasting, zoals prestatieverlies, niet fit zijn, vermoeidheid, oplopende rustpols, concentratieverlies, prikkelbaarheid, slaapstoornissen, etc. Trek tijdig aan de bel. Je gaf aan het probleem te onderkennen en hebt reeds contact gehad met een sportpsycholoog. De komende tijd wil je voor jezelf gaan uitzoeken hoe je belasting verstandig te doseren.*

MATTHIAS WOONDE IN een bungalow aan de rand van de duinen, vijf minuten rijden van hockeyclub Bloemendaal. Een man van eind veertig met donker haar dat langzaam grijs werd, het trok van zijn hoofdhuid naar de punten. Een geleidelijk proces, het verval. Hij werd me aangeraden door de hockeyclub, met wie hij een overeenkomst bleek te hebben. Ik ging niet vaak bij hem langs, niet zo vaak als naar Paul. Een keer of vijf, zes.

Ik had het verlangen om geblesseerd te raken. Ernstig geblesseerd. Elke keer als ik het veld opstapte, visualiseerde ik hoe mijn kruisbanden zouden scheuren. Hoe mijn romp over mijn knie zou klappen en alle banden zouden knappen. Dat was wat ik wilde. Maanden aan de kant, tijd om na te denken, rust. Ik zou net zo lang wegblijven tot niemand meer aan me dacht. Dat ik soms nog even door iemands kop schoot, dat ze me nog voor de geest konden halen, maar niet meer op mijn naam konden komen.

Ik droomde ervan om mijn hand te breken. Of misschien alleen een blauw oog, een gescheurde wenkbrauw, of een gebroken neus. Alles beter dan weer dat veld op, met mijn lichaam te moeten zeulen over het gras. Maar het gebeurde niet. Mijn lijf was fit, mijn geest een zooi.

'Waarom stop je niet?'

Hij vroeg het minder streng dan de vraag deed vermoeden. Matthias was een meester in het verdoezelen van zijn directheid. Alsof hij terloops vroeg naar wat je vanochtend had ontbeten, of morgen zou gaan doen. 'Als je liever geblesseerd aan de kant staat dan gezond op het veld, waarom doe je het dan nog?'

'Die vraag heb ik mezelf ook gesteld, en mijn vorige psycholoog ook. Het antwoord is dat ik het niet weet.'

'Dat zei je zeker ook tegen je vorige psycholoog.'

'Ja.'

'Sta eens op.'

Ik moest lachen.

'Ik meen het, het lijkt misschien gek, maar sta eens op. Loop nou eens door de kamer. Loop, en voel hem ook, hè? Je moet de ruimte voelen.'

'Matthias, ik weet niet of ik dit serieus kan nemen.'

'Loop door de ruimte, voel, en kies een plek om te gaan zitten.'

Ik liep van het kozijn naar de boekenkast. Langs de deur, de tafel, de vaas met droogbloemen, en ging op een blok hout naast de piano zitten.

'Weet je het zeker?'

'Ik weet het zeker.'

'Goed. Waarom heb je deze plek gekozen?'

'Het leek me een uitzonderlijke keuze.'

'Waarom?'

'Er zijn hier allemaal plekken waar je lekkerder kunt zitten dan hier. Dus dit voelde als mijn plek.'

'Een plek waar je niet lekker zit is dus jouw plek?'

'Blijkbaar.'

'Hm. Wat is je levensdoel, Pepijn? Wat wil je?'

'Tophockeyer worden.'

'Is dat echt wat je wilt, of is dat een plek die ook niet zo lekker zit?'

Ik zweeg.

'Wat maakt dat een oncomfortabele plek je comfortabel doet voelen? Dat je jezelf uit je comfortzone duwt?'

'Ik zei toch net dat ik het niet weet.'

'Het is niet gezond om jezelf altijd bloot te stellen aan discomfort. Je moet een beetje leven, man. Als je het niet leuk vindt wat je doet, doe het dan niet. Je bent nog veel te jong om dingen te doen die je niet leuk vindt. Je moet nog je hele leven dingen doen.'

'Ik vind het soms ook wel leuk.'

'Net vertel je nog dat je liever je kruisbanden afscheurt dan op het veld verschijnt.'

'Dus?'

'Dat getuigt niet van plezier.' Hij schonk een glas thee in. 'Wil je ook?'

'Graag.'

Ik begon te snikken. 'Ik snap het allemaal ook niet. Ik begrijp mezelf gewoon niet. Ik... het is gewoon dat ik... Ik wil het gewoon niet.'

Hij sloeg een arm om mijn schouder. 'Het hoeft niet.'

'Nee, maar... wel.'

'Niemand verplicht je om te hockeyen. De enige die bepaalt of jij op dat veld verschijnt, ben jijzelf, en niemand anders. Hoor je?' Hij liep naar de boekenkast, pakte de doos met tissues, en zette die naast me op de boomstronk. 'Hoe kan ik je helpen?'

'Niet. Ik ben de enige die er een einde aan kan maken.'

'Dat is zo, maar ik kan je wel helpen met dat proces. Als je dat wilt, natuurlijk.'

'Daar moet ik even over nadenken.'

'Alles is goed. Bel me maar als je zover bent, dan maken we een nieuwe afspraak.'

HET WAS EEN zaterdagavond. Mijn ouders waren een weekend weg en mijn zusje sliep bij een vriendin. Tjalle en Dorian hadden al plannen. Ik zat alleen op de bank in de woonkamer een film uit te zoeken op Netflix. Ik scrolde door de catalogus zoals ik vroeger, als jochie, in de videotheek een film mocht uitzoeken van mijn ouders. Daar was die poster, van een jongen in een T-shirt op een groen met witte schoolbus. *Into the wild*, stond er in kapitalen.

Christopher, een jongen die net was afgestudeerd, trok zich terug uit de samenleving en liet alles achter om naar Alaska te hiken. Hij liet niemand weten dat hij ging, van de ene op de andere dag was hij verdwenen. Waarom wist hij niet. Hij voelde dat hij erheen moest, een roeping. Onderweg verklaarde iedereen hem voor gek. In de winter naar Alaska lopen, zonder voorbereiding, ervaring, geld of materieel. Hij moest wel heel graag de dood in de ogen willen kijken. Dood wíllen misschien zelfs. Onderweg hield hij een dagboek bij. Over de mensen die hij leerde kennen, de gedachtes die hij had. Hij schreef over het gevoel van vrijheid dat hem overviel toen hij niets meer bezat. De vrijheid die hij alleen kon voelen door zich los te maken van het systeem waarin we allemaal vastzitten. De verwachtingen, het moeten.

Ik geloof dat je echt een radicale verandering in je manier van leven aan moet brengen en rigoureus dingen moet gaan doen waarvan je vroeger nooit gedroomd hebt dat je ze zou gaan doen of te bang bent geweest om ze te proberen. Zoveel mensen leven in ongelukkige omstandigheden en nemen toch niet het initiatief om hun situatie te veranderen omdat ze vastzitten aan een veilig bestaan, zich willen aanpassen en behoudend zijn, wat allemaal gemoedsrust lijkt te geven, maar in werkelijkheid is er niets nadeliger voor het avontuurlijke in de mens dan een zekere toekomst.

Ik liet mijn thee staan, greep de whiskyfles uit de kast, vulde een glas met ijs en goot de bruine vloeistof eroverheen. De blokjes krompen. Ik nam een slok, spuugde het uit. De houtige smaak kleefde aan mijn wangen, alsof ik bij Christopher aan het kampvuur zat.

Weglopen was een optie. Weg van alles wat ik had. Ik wilde vertrekken, en dat tegen niemand zeggen, precies zoals hij deed. Verdwijnen en nooit meer contact opnemen. Al mijn problemen zou ik met me meedragen, dat wist ik ook wel. Het had geen zin van mezelf te vluchten. Toch voelde het zo, alsof dat een oplossing was.

Nog een glas.

Christopher kajakte door de Grand Canyon. Hij liep door de sneeuw en schoot een rendier. Hij leek gelukkig, gelukkiger dan ik. Zo moest vrijheid eruitzien. Zo moest het leven zijn en voelen. Zo was het bedoeld. Kon ik ook weglopen? Stoppen met wat ik deed? Opnieuw beginnen?

Nog een glas.

Ik werd wakker in mijn eigen kots. Waar was mijn telefoon? Tien uur 's ochtends. Geen nieuwe berichten of gemiste gesprekken. Zie je, dacht ik, niemand zou me missen.

Ik liep naar de badkamer voor een glas water. De wasbak vol braaksel. Ik zette de ramen tegenover elkaar open. De zure lucht kwam in beweging. Ik keek in de spiegel. 'Je bent nog dronken,' zei ik tegen mezelf.

Beneden in de woonkamer. Whiskyfles, halfleeg. Glas, een waterig bodempje. De kussens van de bank lagen op de vloer. Ik herinnerde me niets. De gordijnen waren dicht, dat was blijkbaar nog gelukt. Opeens bestond de optie om overal mee te stoppen. Een keuze die er altijd was geweest maar nooit tot de mogelijkheden had behoord.

IK BELDE MATTHIAS niet. Ik had geen zin meer in zweverig gedoe. Ik had iemand nodig met levenservaring, iemand die het klappen van de zweep kende. Iemand als mijn oom – die voor het maken van een speelfilm zijn huis verkocht – maar dan niet mijn oom. Mijn moeder belde hem. Hij belde zijn levenscoach. Zijn coach werd die van mij.

Dave stond al te wachten bij De Boshalte, een veredelde blauw-witte kiosk tegenover de Bosbaan in Amstelveen. Er stonden uitgekerfde boomstronken banken rondom een houtkachel, die door de eigenaresse werd opgestookt. Dave bestelde espresso voor mij en een cappuccino voor zichzelf.

'Zullen we een rondje lopen?' vroeg hij.

Het was tien uur 's ochtends, de zon verdrong de mist. Hij stelde vragen waarop ik geen antwoorden had. Maar hij forceerde, drukte door. Er moesten antwoorden komen. En als ik hem een vraag stelde, gaf hij geen antwoord. 'Het gaat niet over mij,' zei hij dan.

Zo liepen we om de dinsdag uren door het Amsterdamse Bos, een jaar lang. Hij dwong me te antwoorden. Na elke sessie kon ik de rest van de dag nauwelijks nog van de bank komen. Hij draaide aan schroeven in mijn hoofd, verlegde draden, herprogrammeerde. Dave was werktuigbouwkundige van mijn ziel.

Samen formuleerden we jaardoelen die hij noteerde in een boekje. We analyseerden mijn gedrag, waarden en overtuigingen. Hij leerde me omgaan met de complexiteit van het bestaan. Ik beloofde me minder zorgen te maken om de toekomst, het proces te vertrouwen, mijn verwachtingen te temperen. En als dat niet lukte, mijn hoofd bleef ratelen, de onrust in mijn kop niet vertrok, kon ik mezelf altijd nog streng toespreken. 'Klaar,' zei ik dan, hardop. Kappen met denken. We zochten naar mijn identiteit. Wie was ik? En wie zou ik nog zijn als ik niet meer zou sporten?

Ik was hockeyer, topsporter, waar ik ook kwam. Op verjaardagsfeestjes, op school, in de kroeg. Het was mijn identiteit die me genadeloos in een wurggreep hield. Mensen vroegen naar mijn sport. Of we nog gewonnen hadden. Welke plek we op de ranglijst bekleedden. Maar nooit ging het over mij, hoe het met mij ging.

'Als je zou stoppen, hypothetisch gezien, wie ben je dan?'

'Niemand.'

'Tuurlijk wel, je bent meer dan een jongen in een oranje tenue.'

'Wie dan?'

'Om te beginnen ben je zoon, broer, vriend. Je bent veel meer dan alleen sporter.'

'Net als ieder ander.'

'Je bent al als elk ander, je kunt alleen wat beter sporten. Dus, wie ben je nog, als je zou stoppen?'

'Klasgenoot.'

'Ja?'

'Bijna-student, kleinzoon. Dat was het denk ik wel.'

'Dus je bent niet alleen hockeyer. Van alle dingen die je net noemt, is alleen hockeyer een keuze. Het is geen keuze om zoon of broer te zijn. Sporten is een keuze. Als je dat niet wilt, kun je dat deel wegdoen, en dan blijft er nog heel wat over.'

'Het voelt alsof ik juist daarom vast moet houden aan mijn sport. Ik wil niet alleen maar broer, zoon en – straks, binnenkort – student zijn. Wat is daar speciaal aan? Wie wil er nou vrienden zijn met iemand die niet meer is dan dat?'

'Want je hebt zoveel vrienden.'

'Nou, nee.'

'Dus waar heb je het dan over? Het is heel makkelijk om afscheid te nemen van je hockey. Het is een belletje, een mailtje. Dan ben je er voorgoed vanaf.'

'Voor jou klinkt dat misschien als makkelijk, maar voor mij betekent dat afscheid nemen van wie ik ben, wie ik jarenlang ben geweest.'

'Je kunt weglopen van wie je bent, zoals die jongen uit die film, of je kunt jezelf onder ogen zien. Het leven is niet mooi, het leven is lelijk. Maar in zijn lelijkheid schuilt juist de schoonheid. Durf nou eens. Klaar, weet je nog? Kappen met dat denken. Vertrouw op het proces, laat verwachtingen varen. Wie weet waar je dan terechtkomt, welke werkelijkheid zich dan ontvouwt.'

'En als er niets komt?'

'Vertrouw nou verdomme op het proces. Kom uit die kop. Het heeft geen zin zo.'

Na een paar maanden kreeg ik thuis een envelop. Er zat een geplastificeerd papiertje in, ter grootte van een pinpas, dubbelzijdig bedrukt. Mijn doelen.

Ik heb mijn eerste nieuwe studiejaar gehaald, veel geleerd en het erg naar mijn zin gehad.
Sport is een plezierig onderdeel van mijn leven.
Ik deel mooie momenten met mijn vrienden.

Ik voel me betrokken bij het gezin.
Ik heb leren omgaan met instabiliteit.

Aan de andere kant zat een geeltje.

Zoals beloofd, D.

ONS ETEN WAS op, er was alleen nog bier. De nacht ervoor hadden we in het wild gekampeerd op Vis, een eiland voor de Kroatische kust met een kleine tweeduizend inwoners. De hoofdstad heette Kut. Een paar kilometer ervandaan, aan een strand, bouwden we een kampvuur op een stenen plateau. We grilden worstjes, dronken lauw, lokaal bier uit plastic anderhalveliterflessen. Toen de nacht viel, raasde er een patrouilleboot voorbij, de zoeklichten schenen onze kant uit. Wat we deden was illegaal, dat wisten we donders goed, dus hadden we al een verstopplek ingericht: een oude wachttoren, op een punt van het eiland. Daarvandaan konden we Kut zien liggen. Het was een paar honderd meter rennen naar de toren, onze slaapzakken en matjes hadden we al uitgerold, voor de zekerheid.

Dorian stampte het vuur uit, Tjalle en ik gooiden met zand. We lieten alles achter, zoals we hadden afgesproken, en renden langs het water, door het bos, klommen de toren in. Het was eigenlijk net te krap. Dorian en Tjalle lagen met hun hoofd aan één kant, ik aan de andere tussen hun voeten. De boot bleef langsvaren. Ik hoorde voetstappen, of misschien verbeeldde ik het me. Ik deed geen oog dicht.

De volgende dag ging er een veerpont terug, rond het middaguur. De boot meerde af, en voer van Kut naar Split. Het was warm en windstil, droge hitte. Dorian lag op een bankje, Tjalle zat op een leuning. We waren op examenreis, interrailen door Oost-Europa. We hadden honger en dorst. Ik wilde niets liever dan even douchen.

Ik had het die reis al een paar keer geprobeerd te zeggen. Telkens als ik alle moed bijeen had geschraapt, bleven de woorden toch hangen op mijn lippen. De vermoeidheid speelde me nu parten.

'Ik moet jullie wat vertellen,' zei ik.

De boot voer net de haven uit, Kut werd al kleiner.

'Wat wil je kwijt, Pep?' vroeg Tjalle. Hij keek moeilijk, tegen de zon in. Dorian bleef liggen op zijn rug, met zijn ogen dicht. Ik ging zitten op een ronde plastic huls die zich in nood automatisch zou opblazen tot reddingsvlot.

'Ik denk dat ik niet alleen op meisjes val.'

'Oké,' zei Tjalle. 'Alleen op mannen, of óók op mannen?'

'Nee, nee, ik ben niet gay. Doe normaal. Ik denk dat ik bi ben.'

'Mannen én vrouwen, dus? Jij kunt ook nooit kiezen.'

Dorian reageerde niet. Hij deed alsof hij sliep, maar ik zag zijn wimpers trillen.

We waren net een paar dagen terug in Nederland, alle drie waren we geslaagd. We zouden met een vriendengroep naar de film gaan, zoals we vaker deden. Het was al laat, tegen tienen. Iedereen zei af, behalve Dorian en ik.

'Hoe laat zullen we daar afspreken?' appte ik hem.

'Gozer, wat denk je nou, dat ik alleen met jou naar de bioscoop ga?'

Ik had mijn jas en schoenen al aan, maar schopte die weer uit. Het leek alsof ik geen adem kon halen, alsof ik stikte. Zo scherp, zo geplaatst, zo dodelijk. Het was precies waar ik al die tijd bang voor was geweest: dat de weinige vrienden die ik had me de rug toe zouden keren, me zouden afkeuren om wie ik was, en dan had ik nog niet eens de hele waarheid verteld.

Ik ging naar boven, naar bed, en keek naar mijn sterren op het plafond. Ik las nog een keer zijn berichtje. Het stond er echt.

IK STOND ACHTER haar in de rij bij een foodtruck op het binnenplein van de Vrije Universiteit. Ze deed me denken aan mijn moeder, maar dan dertig jaar jonger. Ik werd gegrepen door haar schijn van nonchalance, haar haren die ze imperfect in een staart had gebonden, haar make-uploze gezicht. Ze bleek ook psychologie te studeren. Liefde op het eerste gezicht, dat moest dit zijn. Tien jaar lang had ik erop gewacht, op gehoopt, dat er een meisje zou komen als zij. Een meisje bij wie ik meteen het gevoel zou hebben dat het klopte, tot wie ik me niet alleen mentaal maar ook fysiek aangetrokken voelde. Al die tijd moest het een fout zijn geweest – en ik in de war. Eindelijk kon ik het leven leiden als ieder ander. Een toekomst met hond, kind en vrouw. Een toekomst zonder problemen.

We gingen niet op date, dat durfde ik niet. Ik was bang dat de waan zou verdwijnen en mijn gevoel niet standhield. Dat alles wat ik voelde toch plots verzonnen bleek. Dus stuurden we elkaar berichtjes, soms wel honderden per dag. Met hartjes en kusjes, beloftes en verlangens. Tot ik haar negeerde. Drie weken lang. Ze belde me, ik belde niet terug. Ik belde haar, ze nam niet meer op. Ik zag haar bij college, zei dat ik mezelf niet begreep. Zij mij ook niet, zei ze.

Na het college reed ik op mijn Spartamet naar huis. Het regende. Het motorblok had het zwaar. Ik reed over een drempel, nog geen kilometer bij de universiteit vandaan, de motor viel uit. Kilometers trapte ik mezelf en het loeizware frame vooruit. Ik droeg een regenpak dat zo goed isoleerde dat ik nat van het zweet aankwam. Er was niemand thuis. Ik liet mijn natte kleding op de deurmat achter en liep de trap op, naar de badkamer van mijn ouders.

De badkuip vulde zich tot aan mijn stijve tepels. De warmte van het water verdrong de kou uit mijn huid. Ik steunde met mijn achterhoofd op de badrand. Wat was ervoor nodig om mezelf te accepteren, dacht ik, waarom was het zo lastig mezelf te zijn?

Ik pakte mijn telefoon, die aan het voeteneind op de rand lag, en downloadde een datingapp. Mannen, vrouwen, of allebei. Het zweet brak me uit. Even op de badrand zitten. Mannen. Ik begon te swipen. Er kwamen allemaal jongens voorbij zoals ik. Jong, onzeker, ook op zoek naar wie ze werkelijk waren. Op tv zag ik alleen mannen als Gerard Joling of Gordon voorbijkomen. Met humor, maar overdreven, venijnig en een tikkeltje vrouwelijk. Mannen tegen wie ik een aversie had, onderdeel van een groep waar ik mezelf niet aan kon spiegelen of toe wilde verhouden.

Match.

Falko was twee jaar ouder dan ik. Hij studeerde aan de filmacademie en woonde op zichzelf in Amsterdam, vlak bij het Scheepvaartmuseum.

'Hey, hoe was je dag?' stuurde hij.

'Ja, goed. Ik ben nieuw hier en heb eigenlijk geen idee wat ik moet.'

'O wow, nieuw! Jong en onschuldig.'

'Dat zou ik niet willen zeggen, maar wel nieuw.'

'En je weet wel zeker dat je op mannen valt?'

'Ik weet het niet zo goed. Weet jij het wel zeker?'

'Ja, daar is geen twijfel over mogelijk. Waarom twijfel je?'

'Dat wil ik je wel uitleggen. Zullen we wat drinken?'

'Lijkt me leuk. Morgenavond, ergens in de buurt van het Leidseplein? Heinekenhoek, bijvoorbeeld?'

'Tof, zie ik je dan.'

Tegen mijn ouders zei ik dat ik een borrel had met medestudenten, en dat het wel eens laat kon worden. De Spartamet liet ik thuis. In plaats daarvan pakte ik mijn roze racefiets uit de schuur.

'Doe je voorzichtig?' zei mijn moeder. 'Vooral in de bochten oppassen, hè? Met die dunne bandjes door de regen.'

'Dat komt vast goed.'

Ik trapte zo hard ik kon, zo hard dat ik in gedachte opsteeg. Ik was op weg naar een nieuwe wereld. Een nieuw begin. Ik vloog op mijn roze Gazelle door de poorten van het Vondelpark, langs de plek waar ik met Jean de bosjes in was gedoken, naar het plein waar ik tot voor kort met Dorian en Tjalle zat. Ik kwam los, eindelijk, ik kwam los.

Hij zat er al. Een biertje op een kleine ronde tafel voor hem. Ik ging tegenover hem zitten. Verder was het café leeg.

'Dus, vertel op. Waarom twijfel je of je op mannen valt?'

Ik vertelde hem over de normen in de topsport, dat iedereen hetzelfde moest zijn. Dat ik het gevoel had dat er geen ruimte was voor mannen die op mannen vallen. Het was een scheldwoord. Het werd in één adem genoemd met ziektes en verdriet. Ik vertelde dat ik net zo behandeld wilde worden als de rest, dat er geen extra rekening met me gehouden zou worden. Ik wilde niet dat er een onderscheid bestond. Ik wilde niet dat het speciaal was, of anders, dat men er überhaupt van opkeek.

'En je ouders, weten zij het al wel?'

'Dat kan niet.'

'Waarom niet, het zijn toch je ouders? Ze zullen altijd van je blijven houden, écht!'

'Hoe weet je dat nou?'

'Het zijn je ouders.'

'Ze hebben het nu al over kleinkinderen. Mijn opa en oma zeggen al sinds ik klein ben dat het mijn verantwoordelijkheid is dat de familienaam wordt doorgegeven. Ik ben de enige jongen aan de Keppel-kant, de erfgenaam.'

'Geloof me nou maar, het zal allemaal echt wel meevallen.'

'En wat als er straks niemand meer van me houdt? Dat ik alleen overblijf?'

'Dat gebeurt echt niet.'

'Maar de garantie bestaat niet. Dan zit ik straks moederziel alleen onder een brug.'

'De garantie kan ik je ook niet geven. Toen ik vertelde dat ik op mannen viel, vond iedereen het leuk. Er heeft niemand slecht op gereageerd. Ik ken niemand wier ouders negatief zijn geweest.'

'Ook dat is geen garantie. Weet je wat het is? In de hockeywereld gaat iedereen ervan uit dat je eindigt met een labrador, een groot huis, een Range Rover of een Volvo, twee kinderen. Er zijn geen homo's. Niet één. Nul. Ik kan niet aan dat beeld voldoen.'

'Ik zeg niet dat je het moet doen. Ik zeg alleen dat je je niet zoveel zorgen hoeft te maken.'

'Dat is lief. Maar er is alle reden tot zorg. Als ik zeg wie ik ben, is er geen plek meer voor mij. Dan word ik afgestoten door een wereld waar ik al die jaren in heb rondgelopen. Ik heb niets anders, Falko. Het is alles wie ik ben. Iedereen kent me als laatste man, de laatste verdediger, en dan ben ik dat straks niet meer.'

'Ik denk niet dat ik je ervan kan overtuigen dat je het moet zeggen.'

'Dat denk ik ook niet.'

‘Dan zijn we het daar in elk geval over eens. Zullen we nog wat drinken bij mij thuis?’

We reden naar het oosten van de stad, richting het Scheepvaartmuseum. Hij woonde op de eerste etage in een oud Amsterdams tweekamerappartement met een gracht voor de deur. Ik was gespannen, dat voelde ik aan mijn hartslag en ademhaling.

Hij zoende me en duwde me op de bank. Ik liet het gebeuren. Ik wilde dat het gebeurde. Ik was nog geen vijf minuten binnen of ik zat al naakt op zijn bank. Hij wilde niets anders dan seks. Met meisjes voelde ik een mentale klik, maar nooit een fysieke. Met jongens wel een fysieke, maar nooit een mentale. Daar was ik naar op zoek. Daarom had ik een datingprofiel aangemaakt.

'GODVERDOMME, ALS JE nou gewoon een keer uit de kast komt.'

Ik wist niet wat ik moest zeggen. Ik voelde een onbehagelijke hitte op me neerdalen, van schaamte, van verdriet, betrapt. Mijn ouders zagen het, dat zag ik. Ik ging van tafel, naar mijn kamer.

'Pep, kom terug!' riep mijn moeder me nog na.

Ik moest nog studeren, Freud en andere psychoanalytici. Het was geen goede studiekeuze geweest. Ik analyseerde mezelf kapot. Soms voelde het alsof ik op een ijzige helling stond en weggleed, honderden meters naar beneden. Andere keren voelde het als koorddansen zonder zekering.

Ik hoorde mama's voetstappenritme op de zoldertrap. Mijn deur ging open.

'Pep, gaat het?'

'Jawel.'

'Is het zo, val je op mannen?'

'Nee, nee. Ik val niet alleen op vrouwen, denk ik.'

'Biseksueel heet dat toch?'

'Ja.'

'Ach.'

Ik kon het niet zeggen, niet in één keer. Biseksueel voelde nog als een tussenweg. Alsof dat minder erg was. Dan hield ik in elk geval de hoop op kleinkinderen nog even levend.

'Moet je dat niet verder gaan uitzoeken dan?'
'Misschien.'
'We zullen altijd van je blijven houden, of je nou met een jongen of meisje thuiskomt, dat weet je toch?'
Ik knikte, maar durfde haar niet te geloven. Ik vroeg me af of het waar was wat ze zei. Al had ik geen reden om eraan te twijfelen. Wat als het anders bleek, dat ze me toch zouden verstoten als ik met een man in plaats van een vrouw was? De angst had zich zo diep in mij genesteld, was onderdeel geworden van mijn bestaan, dat ik niet anders kon denken. Ik hoorde haar woorden, maar luisterde niet, voelde ze niet. Ik voelde alleen de angst, ontdaan van een last, en ontmaskerd op hetzelfde moment. 'Wil je het tegen papa zeggen?'
'Weet je het zeker? Wil je het niet zelf vertellen?'
'Nee, zeg het hem, alsjeblieft. Ik kan het zelf nog niet.'
'Dat zal ik doen. Als je erover wilt praten, vanavond of wanneer dan ook, dan kan dat, hè?'
Ik knikte, met hetzelfde wantrouwen.
De weken erna bleef ik Falko zien. En ik zag het steeds duidelijker, raakte steeds meer overtuigd. Ik was het. Ik was het. Tot ik er niet meer onderuit kon. Het leek te kloppen, als ik hem kuste, zoals het ook had gevoeld toen ik Melle en Jean kuste. Het leek gewoon, zoals het hoorde, maar zo had het nooit met Meike of Geertje gevoeld. Bij hen moest ik manoeuvreren, mijn best doen. Nu ging het vanzelf. Op de automatische piloot. Mijn lichaam leek te weten wat het moest doen, mijn kop was stil. Zo moesten mijn vrienden zich voelen, als ze het met een meisje deden. Met elke kus wist ik het zekerder. Ik voelde het zelfvertrouwen in me groeien, als een bol licht waarvan het wattage steeds hoger werd gedraaid. Tot ik gloeide van geluk, van verliefdheid, van alles wat ik nooit eerder had kunnen of mogen voelen.

Mijn vader stond bij de vaatwasser, in de keuken, het was opnieuw zondagavond. We hadden die avond geen ruzie gehad, niet eens een meningsverschil. We luisterden naar zijn muziek. The Police, Simply Red, The Rolling Stones, The Beatles. Mijn moeder stond onder de douche. Ik wist niet waar mijn zusje was, dat deed er ook niet toe. Het was gemoedelijk, zo anders dan die zondagavond een paar weken terug. Het was warm in huis, er brandden kaarsen op de piano. Ik weet niet of mijn moeder het hem had verteld. Hij was er nog niet over begonnen.

'Pap.'

'Ja.'

'Ik zie een jongen.'

'Ja? Hoe heet hij?'

'Falko.'

'Leuk. Hoelang zien jullie elkaar al?'

'Al even, een paar weken, niet veel langer.'

'Wat doet hij?'

'Hij studeert aan de filmacademie.'

'Creatief, dus.'

'Ja.'

'Maakt hij je gelukkig?'

'Ik denk het.'

'Dan is het goed. Ik ben blij voor je. Doen jullie het wel veilig?'

Ik knikte. 'Had je het verwacht?'

'Wat?'

'Dat ik op jongens zou vallen?'

'Ik heb er nooit bij stilgestaan. Je had altijd vriendinnetjes, hoorde je nooit over jongens, je gedroeg je ook helemaal niet vrouwelijk. Behalve toen je klein was, toen huppelde je in een roze tutu en hakjes door de woonkamer op K3. Maar verder, nee. Het belangrijkste is dat het jou gelukkig maakt. Als dat zo is, dan ben ik dat ook. En sorry, van de vorige keer.'

Hij reageerde zoals ik had gehoopt. Alsof het hem niet kon schelen, en toch wel. Zakelijk, en tegelijkertijd met medeleven. Ik was het bangst geweest voor zijn reactie. In mijn hoofd was er geen andere dan afkeuring. Misschien ook omdat ik wist dat hij het niet verwachtte. Omdat we samen zoveel tijd in de auto hadden doorgebracht, van en naar trainingsvelden en wedstrijden. Van iedereen kende hij mij het best. Maar hij kende slechts de buitenkant. Wat er zich al die jaren in mijn hoofd had afgespeeld had ik voor me gehouden. Het was mijn verhaal, mijn gevecht. Maar nu was het duidelijk. Voor hem, voor mij. Mijn angst was onterecht geweest. Ongegrond. Gefundeerd op en gevormd door de demonen in mijn hoofd.

'Sorry,' mompelde ik.

'Zei je wat?'

'Nee, niets.'

Mick Jagger bezong ons door de krakende stereo-installatie.

Am I hard enough?
Am I rough enough?
Am I rich enough?
I'm not too blind to see.

Toen iedereen het wist, wilde ik weg. Naar zee, zoals Dorian, of in elk geval ver. Om mezelf te ontdekken, de wereld om mij heen te leren zien. Afstand was wat ik nodig had. Naar Australië of Nieuw-Zeeland, de andere kant van de wereld in elk geval. In plaats daarvan ging ik antikraak wonen in een gelijkvloerse woning, nog geen vijf kilometer van mijn ouders vandaan. We trokken het oude tapijt van de vloeren en verfden de muur, reden langs kringloopwinkels en meubelgiganten. Ik was negentien en een paar maanden, en ik had mijn eigen plek. Een plek zonder vooroordelen of verwachtingen, zonder hoop of verplichtingen. Ik was de enige die bepaalde wat er gebeurde, de enige die de regels maakte. In mijn universum kon ik zijn wie ik wilde zijn. De buitenwereld had daar niets mee te maken, ook mijn ouders niet. Ik was vrij, zoals ik tien jaar geleden al had moeten zijn.

IK RAAKTE GEBLESSEERD aan mijn rug. Elke week reed ik drie keer naar Haarlem om te worden behandeld door de fysiotherapeut. Niets werkte. Ik was ook niet geblesseerd, niet aan mijn rug. Mijn kwetsuur was mentaal. De fysio kon daar moeilijk bij.

Ik vertelde de bondscoach dat ik niet meer kwam. Dat leek hem verstandig. 'Ga nou maar eerst zorgen dat die rug in orde is, dan zie ik je daarna wel weer verschijnen.'

Maar dat moment kwam nooit. De coaches bij Bloemendaal waren boos omdat ik bedankte voor Oranje. Het was gezichtsverlies, voor de club, dat een van hun jongens zich niet meer meldde. Dat konden ze niet gebruiken.

Mijn fitheid holde achteruit. De fysio kraakte mijn rug, mijn nek, mijn heupen. Maar eigenlijk vond hij geen aanleiding voor mijn klachten meer. Ik probeerde de tijd te rekken. Het werkte tenslotte, ik hoefde niet meer te hockeyen. Zolang ik aangaf dat ik pijn had, hoefde ik niet. Tot hij en mijn coach samen besloten dat ik het weer een keer moest proberen.

Het was koud. Bij het uitademen vormde de warme lucht uit mijn longen wolkjes boven het veld. Het was mijn eerste training sinds maanden. Ik mocht meteen de bidons vullen, en na de training de ballen tellen. Als er een ontbrak, moest ik net zo lang zoeken tot ik hem vond.

Ik werd over de kling gejaagd, kotste eerst langs het veld en daarna op de wc. Niemand die zich om me bekommerde.

Ik hing over de reling. Wat doe ik hier nog? dacht ik.

Binnenkort zou de Euro Hockey League plaatsvinden, de beste teams van Europa die het tegen elkaar opnemen tijdens een toernooi. Ik zou meegaan, samen met Melle. Dat wilde ik nog meemaken, en daarna zouden we wel weer zien. Ik nam me voor om van moment naar moment te leven, van week naar week, training naar training.

Toen kreeg ik bericht van de coach, een week voor het toernooi. Budgettaire problemen. Er konden twee jongens niet mee. Ik was een van de twee.

Ik kwam nooit meer opdagen.

Epiloog

DE MUZIEK STOND zo hard dat de glaspuien van het clubhuis trilden op het ritme van de bas. Een halfjaar lang had ik mijn gezicht niet laten zien. Dit was het eerste thé dansant dat ik bezocht sinds bekend was wie ik werkelijk was. Het nieuws verspreidde zich snel. Ons kent ons, een roddelcircuit, dat is hockey. De jongens met wie ik had samengespeeld waren er. Melle, Nick, Thijs, Rijk, Dennis. Ze kwamen me gedag zeggen, vragen hoe het ging, of ik nog door zou gaan met hockeyen. Maar het was anders dan voorheen. Ze gaven me geen knuffel, hoogstens een aai over mijn hoofd.

Floris liep op me af. Hij had zijn wedstrijdshirt nog aan en rook naar zweet. In zijn ogen zag ik de dronk. Hij sloeg een arm om mijn schouder en boog zijn hoofd naar mijn oor.

'Yo, Kep, waarom heb je het niet gewoon verteld?'

Dankwoord

Roel en Jasper, en alle anderen bij Thomas Rap die hebben geholpen bij de totstandkoming van dit boek, bedankt dat jullie me een literair thuis hebben gegeven.

Maike, omdat je urenlang naar mijn gezanik hebt willen luisteren.

Reno, omdat je me soms weer kind laat voelen.

Verantwoording

Dit boek is gebaseerd op herinneringen, brieven, notities, beeld en ander archiefmateriaal. Alle personages bestaan, hun namen zijn gefingeerd.